国家级职业教育规划教材

全国中等职业技术学校旅游服务与管理专业教材

旅游市场营销

LÜYOU SHICHANG YINGXIAO

人力资源社会保障部教材办公室　组织编写

黄裕华◎主编

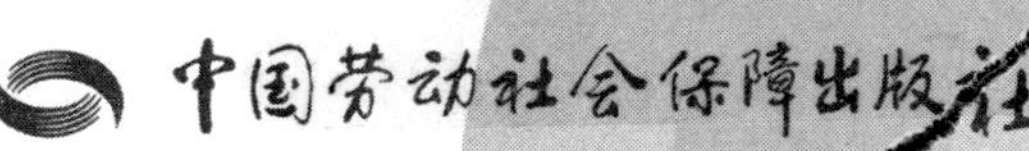

中国劳动社会保障出版社

简介

本教材在介绍旅游市场营销基础知识的基础上，对旅游市场分析、旅游目标市场营销、旅游产品策略、旅游产品价格策略、旅游分销渠道策略、旅游促销策略、专项旅游市场营销等内容进行了详尽的阐述。教材案例丰富，实用性强，适于中等职业技术学校教学使用。

本教材由黄裕华任主编，刘婷、杨文珠参加编写，贺湘辉任主审。

图书在版编目（CIP）数据

旅游市场营销 / 黄裕华主编．-- 北京：中国劳动社会保障出版社，2019

全国中等职业技术学校旅游服务与管理专业教材

ISBN 978-7-5167-3997-6

Ⅰ．①旅…　Ⅱ．①黄…　Ⅲ．①旅游市场－市场营销学－中等专业学校－教材　Ⅳ．①F590.82

中国版本图书馆 CIP 数据核字（2019）第 098426 号

中国劳动社会保障出版社出版发行

（北京市惠新东街 1 号　邮政编码：100029）

*

北京市科星印刷有限责任公司印刷装订　　新华书店经销

787 毫米 ×1092 毫米　16 开本　9.25 印张　162 千字

2019 年 6 月第 1 版　　2024 年12月第 6 次印刷

定价：18.00 元

营销中心电话：400-606-6496

出版社网址：http://www.class.com.cn

http://jg.class.com.cn

前　言

近年来，我国旅游业发展迅速，产业规模不断扩大，国家对旅游从业人员的职业素养和知识、技能水平提出了更高的要求。为了适应行业的发展以及职业学校教学的需求，我们对全国中等职业技术学校旅游服务与管理专业教材进行了修订。

在新一轮的教材修订工作中，我们收集了旅游企业对于技能型人才的具体要求以及学校使用教材的反馈意见，组织骨干教师与行业、企业专家进行充分研讨，确定重点做好以下几方面工作。

◆ 更新教材内容　根据旅游业的发展变化，补充有关旅游服务与管理的最新理念，以及在线预订、智能系统等互联网时代出现的新方法、新技术，更新与旅游有关的人文信息，使教材内容更加具有时代感和前瞻性。进一步加大技能训练的比重，在导游实务、旅行社业务等主要技能课教材中，更多地加入实践案例和操作指导，有助于学校开展一体化教学。同时，将职业道德、服务意识、礼仪规范等有机融入到教学内容、课堂问答、课后训练等环节中，以加强对学生职业素质的培养。

◆ 提升教材表现力　通过设置“案例思考”“知识链接”“课堂讨论”等不同栏目，增加教材的亲和力，激发学生的学习兴趣。同时，尽可能多地以图表代替冗长的文字叙述，使教材更加生动直观，易于学习。

◆ 加强立体化资源建设　在修订教材的同时，补充开发配套的电子课件。电子课件可通过职业教育教学资源和数字学习中心（http://zyjy.class.com.cn）免费下载。

本套教材的编写得到了有关省市人力资源和社会保障部门以及一批中等职业技术学校的大力支持，教材的编审人员做了大量的工作，在此，我们表示衷心的感谢！同时，恳切希望广大读者对教材提出宝贵的意见和建议。

人力资源社会保障部教材办公室

目　录

第一章

旅游市场营销基础知识

chapter 1

旅游市场营销是市场与竞争的产物，其核心在于买卖双方相互兑现承诺，了解并满足营销各方的需求。开展旅游市场营销，必须明确与市场营销有关的概念，如旅游市场、旅游产品、旅游需求、市场营销等。本章将从市场营销的一般原理出发，对旅游市场进行分析，并揭示在需求变动下旅游市场营销观念的演变和发展趋势。

学习目标

- 理解并掌握旅游市场的内涵及特点
- 理解并掌握旅游市场营销的内涵

案例导读

中国旅游辉煌40年：文旅融合呼唤业态创新

改革开放40年来，旅游业在经济和社会发展体系中发挥着越来越重要的作用。目前，中国旅游业已步入文旅融合的新阶段。中国旅游协会会长段强在2018旅游集团发展论坛上指出，文化正成为国家核心竞争力的主要因素，旅游则是人民群众的重要生活方式之一，文化是灵魂，旅游是载体，用文化的内涵发展旅游，用旅游的方式传播文化，已成为行业共识。当今中国人的足迹遍布五湖四海，以旅游为载体和平台，推动着中国文化走向世界。

随着中国旅游由观光向度假的转变，古北水镇、西溪湿地等休闲度假景区，欢乐谷、海昌海洋公园、方特主题乐园等主题公园类景区以及宋城演艺等旅游演艺企业，以不同的形式和内容，为旅游者的休闲度假和娱乐提供了丰富的产品和周到的服务。

主题公园是文旅融合的典型代表之一，也是旅游休闲娱乐和文化传播、创造与传承的场所。中国的主题公园在过去几十年的发展中，依托中国优秀的文化资源，融合现代科技，打造了丰富多彩的文化娱乐产品，使旅游者在轻松的体验氛围中潜移默化地感受、认同和传播中华文化。

旅游演艺是文旅融合的另一个典型代表。旅游演艺深耕当地历史、民俗等文化资源，以旅游带动文化发展。宋城演艺通过对宋代人文风情主题公园的打造，以及与之相对应的宋城千古情演艺产品的开发，成为旅游演艺领域的佼佼者。在扩张发展中，宋城演艺通过对当地城市文化和当地民族、民俗文化的深度挖掘，创造出具有当地特色的旅游产品。

思考：文化部和国家旅游局合并，“诗”和“远方”终于走到了一起，在文旅融合的大背景下，旅游企业应怎样开展营销活动？

案例扩展阅读 ------>

第一节　旅游市场

一、旅游市场的内涵

旅游市场是旅游市场营销的基本概念，是社会经济发展到一定程度，旅游活动商品化、社会化的产物。从经济学的角度来看，旅游市场是指旅游产品供求双方交换关系的总和。单从旅游企业经营者的角度来看，旅游市场是指一定时期内某一地区存在的对旅游产品具有支付能力的现实的和潜在的购买者。

狭义的旅游市场通常是指旅游需求市场或旅游客源市场，即某一特定旅游产品的现实购买者和潜在购买者。现实购买者是指既有支付能力又有购买兴趣的人，潜在购买者是指可能具有支付能力和购买兴趣的人。

二、旅游市场的特点

相对于其他商品市场来说，旅游市场具有以下四个突出的特点。

1．全球性

旅游市场的全球性主要是由全球范围的旅游需求与旅游供给决定的，它向所有旅游市场营销者提出两个要求：一是旅游者的旅游活动范围遍布全球各地，旅游市场营销者必须全面了解国际旅游市场发展的趋势、规律和特点；二是旅游市场营销者要立足本地和本企业，着眼国际旅游市场的需求和要求，设计、打造和宣传国际化的产品和服务。

2．异地性

旅游活动的完成伴随着旅游者在地理位置上的空间移动，旅游者主要是非当地居民，因此旅游客源市场通常都远离旅游产品的生产地（旅游目的地）。旅游市场的异地性特点，增加了旅游企业掌握市场信息、适应市场环境、开发市场经营的难度。

3．波动性

旅游消费属于非生活必需品消费，因此，旅游需求易受外部环境的影响而产生波动，如国际局势、突发事件、气候季节、重大活动、节假日、汇率、通货膨胀率、物价及旅游者心态等，都可以对旅游需求产生影响。从长期看，世界旅游市场将保持持续发展的趋势，但这种发展是波动性的，而非直线性的，特别是短期内某一局部旅游市场的波动性往往是常态性的。

4．竞争性

旅游市场的高度竞争性体现在旅游企业对旅游资源的争夺上，从自然资源、人文资源到社会资源，只要是可能吸引旅游者的资源，都会被旅游企业的经营者争夺。经济的发展和由此带来的人们经济条件的改善、闲暇的增多，以及人们对文化兴趣的提高等，都决定了旅游业良好的发展前景，因此，旅游业新的进入者不断涌现。另外，旅游市场进入门槛较低，旅游产品易于被模仿，产生了许多不具有垄断性的旅游资源，从而也导致旅游市场的竞争越来越激烈。

三、旅游市场的规模

旅游市场规模的大小，主要取决于五个要素：①旅游市场的人口数量。即人口越多，市场潜力就越大；反之亦然。②旅游者的支付能力。旅游产品的交换是以货币作为支付手段的，没有足够的支付能力，旅游产品的交换便无法实现。③旅游者对旅游产品的购买欲望。旅游者作为个人，尽管他具有支付能力，但如果缺乏旅游的内在动机，仍然不能成为现实的购买者。④旅游者闲暇时间的有无和长短。即所谓“有钱”还要“有闲”。⑤旅游目的地的可进入性。旅游活动涉及旅游者由客源地向目的地的空间移动，交通便成为继支付能力之后的又一约束条件。旅游市场规模的影响要素如图1—1所示。

图1—1　旅游市场规模的影响要素

四、我国旅游市场发展新动态

随着当代一些最新的营销理论不断被运用到旅游业中，我国的旅游市场正经历着重要的变革。

1. 传统市场日趋成熟，新型市场发展势头强劲

我国旅游业的发展在旅游方式、企业模式、产品创新等方面呈现以下几个趋势。

（1）旅游从过去以组团旅游为主，逐渐向散客旅游、自助化、信息化的方向转化

传统的旅行社服务给人们留下了许多负面的印象（如强迫购物、低质客房、天价餐饮等），使旅游变成了“只有旅没有游”。同时，传统的旅游接待方式，如跑市场、打电话、发传真等操作模式，不仅成本高、耗力费时，也使旅游者在旅游产品的选择上受到很大限制。

随着公共交通越来越便利、私家车越来越普及、饭店预订越来越便捷，自助旅游的人越来越多，并渐成时尚。尤其是大型节假日期间，三五个家庭结伴出行，驱车数千公里，跑遍大江南北已不再是稀奇事。

同时，高度的旅游自助化少不了旅游信息化的发展。近几年来，互联网技术、手机媒体的普遍运用，不仅方便、快捷，而且大大增强了旅游者的自主性。旅游产品的购买实现了网上交易，散客旅游、自助旅游越来越受到人们的青睐。

案例思考

“互联网+”旅游——新方式、新选择

随着互联网时代的到来，“互联网+”旅游已经深刻改变了人们选择旅游产品的方式。在2017年的“双11”活动中，线上旅游以“购物津贴·万券齐发”“天天秒杀·低至1元”等促销方式，吸引了不少消费者。线上旅游促销“火热”的背后，许多景区、旅行社以及旅游者也将在互联网上“淘旅游”作为一种新方式、一个新选择。

2017年“双11”活动期间，记者登录在线旅行网站（OTA，Online Travel Agency）发现，阿里旅行、途牛旅游网、携程旅行网、同程旅游等旅游电商纷纷加入“双11”活动促销行列，产品涵盖出境游、国内游、邮轮旅游、景点门票、饭店、机票等。与往年不同，2017年的跟团游产品比例加大，并在出境游、自由行上拉长了旅游产品消费周期，以吸引更多的旅游者。另外，2017年“双11”活动并不是将所有优惠都集中在11日的零点，而是部分采用消费者提前支付定金的方式进行。在“双11”活动当日，有些在线旅行网站还有多个时段的特价机票可供抢购。

思考：为什么大量旅游者加入互联网上“淘旅游”的大军?

分析：旅游产品的完善、企业宣传促销力度的加大、移动应用服务（手机App）的推广应用激发了消费者的旅游需求，并促使大量线下旅游预订用户向线上转移。在线旅游作为发展中的新兴服务产业，已有不可阻挡的发展趋势。

（2）旅游产品及服务项目不断创新，向精细化方向发展

随着旅游业的发展和人们出游意识的增强，传统、常规而雷同的旅游产品已经无法满足不断变化的市场需要，开发新型旅游产品势在必行。因此，工业旅游、农业旅游、森林旅游、生态旅游等专题性旅游项目应运而生，并逐步从长线向郊区短线延伸；一日游、两日游等短期的旅游活动越来越突出；各种各样的度假村越来越多，人们开始在双休日、节假日期间，来到郊区吃“农家饭”，参加田园劳动，欣赏山水风光，追求自然、清新和淳朴的生活方式。2018年在京举行的“大森林里的小夏天”黑龙江夏季旅游推介会上，黑龙江省旅游发展委员会推出了“黑龙江夏季旅游微度假小产品”。该产品围绕“大森林里的小夏天”这一主题，依托“避暑胜地·畅爽龙江”品牌，结合市场趋势和自助旅游者群体的需求，将线路产品加以细分，推出了森林生态、城市风情、边境游等主题旅游产品。

旅游企业现在分工更加细致，不同的旅行社开发不同的旅游专线，同一品牌的旅行社也分别开发出不同的主题旅游产品和专题旅游产品。而且专业化的旅游服务公司提供的服务越来越多，如饭店预订、票务预订、餐饮预订、旅游景点预订和旅游咨询等。

2．旅游消费者更加理性与挑剔

随着旅游市场的不断向前发展，旅游消费者越来越趋于成熟和理性，旅游者不再追

求“到此一游”，而是希望通过旅游获得精神上的愉悦和满足。旅游者不愿意在导游的催促下“走马观花”，更愿意慢慢走，用轻松的心态去游览。例如，那种十天游览多个国家的境外旅游形式不再受到追捧，单个国家的深度旅游更受人们的青睐。

3. 旅游业对环境的关注日益增强

20 世纪 60—80 年代的大部分时间里，为了发展休闲度假旅游，包括我国在内的很多国家大力开发和利用环境资源以获取利润，并把生态环境当作免费的资源随意使用，而很少意识到或关注这些旅游经营活动会给当地的环境造成什么样的影响。

20 世纪 90 年代以来，随着全球性气候变暖、臭氧层破坏、海洋大面积污染、生物多样性逐渐消失等相关问题的出现，各大国际性旅游组织发出了一系列的倡议，以唤起旅游业对环境的关注。如今，我国旅游业对环境的关注日益增强，不符合环境保护的旅游项目被禁止运营与开发，现有不符合要求的设施、设备也在进行改造，以此从根本上保证旅游业的健康、良性与可持续发展。

第二节 旅游市场营销

一、市场营销

1. 市场营销的内涵

市场营销一词的英文为“Marketing”，在市场营销的发展历程中，学者们从不同角度审视“市场营销”，并对其进行了各种阐释和界定，使得市场营销实践和理论得以迅速地发展和完善。

由于市场营销学还是一门比较年轻的正在发展中的学科，因此，对“市场营销”的定义目前仍存在着各种各样的表述。综合而言，市场营销就是指在不断变化的市场环境中，通过市场交易去适应、满足和创造消费者的需要，有计划地组织企业的整体活动，使企业的产品成功进入目标市场，从而有效地实现企业目标的综合性商务活动过程。

2. 市场营销观念的演变

市场营销观念是指企业开拓市场、实现营销目标的根本指导思想，其核心就是以什么样的营销观念来指导开展生产经营活动。市场营销观念是在一定的历史条件下产生的，并随企业外部环境的变化而变化。从西方市场营销学的发展历史来看，市场营销经历了五个不同的发展阶段，由此产生了五种不同形式的市场营销观念，如图 1—2 所示。

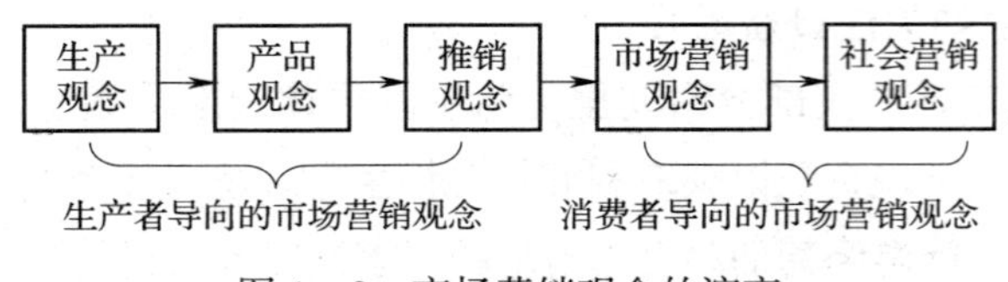

图 1—2　市场营销观念的演变

市场营销观念的五个发展阶段，可以分为两大类：生产者导向的市场营销观念和消费者导向的市场营销观念。生产观念、产品观念和推销观念都是以生产者为导向的营销观念，市场营销观念和社会营销观念是以消费者为导向的营销观念。前者是传统营销观念，后者是现代营销观念，两种观念指导下的企业经营行为是截然不同的。

五种市场营销观念的比较见表 1—1。

表 1—1　　五种市场营销观念的比较

市场营销观念	重点	方法	导向	目的
生产观念	产品	提高产量 降低成本	扩大生产	以产品数量获取利润
产品观念	产品	提高质量 改进产品	研发产品	以产品质量获取利润
推销观念	产品	推销和广告	运用推销技术	以扩大销售获取利润
市场营销观念	消费者	营销组合	消费者需求和欲望	通过使消费者满意获取利润
社会营销观念	消费者、社会	营销组合	统筹兼顾企业、消费者、社会三方利益	满足三方利益的同时获取利润

二、旅游市场营销的内涵

旅游市场营销是市场营销在旅游中的具体应用，它是旅游企业对旅游产品构思、定价、促销和分销的计划和执行过程，从而满足旅游者的需求和实现旅游企业的经营目标。旅游市场营销的内涵可以从以下三个方面来理解。

第一，以旅游消费者为导向，协调各种旅游经济活动，力求通过提供有形产品和无形服务使旅游者满意，从而实现旅游企业的经济和社会目标。

第二，旅游市场营销是一种动态的管理过程，包括分析、计划、执行、反馈和控制等各个流程。

第三，旅游市场营销的主体很广，包括所有旅游组织（政府、非营利性组织和旅游企业），而其客体既包括对有形产品的营销，也包括对无形服务的营销。

三、开展旅游市场营销的必然性

1．开展旅游市场营销是由旅游产品的特点决定的

首先，旅游产品具有无形性，主要为了满足人们高层次的精神需求，是一种旅游体验或旅行经历。因此，旅游产品的特色、质量、吸引力和价格都必须适合目标市场的需要，否则，人们就会改变购买决策或变换旅游目的地。其次，由于旅游产品有不可存储性和需求的易波动性的特点，意味着旅游产品一日不被推销出去，这一日蕴藏在服务人员身上的可以创造的价值就无法实现，服务所凭借的有形产品的价值也就无法收回，这就要求旅游业比其他行业更要重视产品的销售。最后，旅游产品需求弹性大，旅游活动的季节性强，又易受外界不可控因素的影响。因此，旅游者对某个旅游目的地或某种旅游模式、某个旅游企业及其产品等的忠诚程度还处于较低水平，如果旅游企业不进行有效的营销活动，就很难把旅游者吸引过来。

从旅游产品的成本构成来说，它具有高固定成本和低变动成本的特点，如旅游吸引物的开发，宾馆、饭店的建造，交通设施的建设，预订、结算系统的开发等，都需要投入大量的资金。对高固定成本的企业而言，销售量对企业利润的影响程度很大，因此，旅游企业的经营重点应该是通过市场营销扩大销售量，越过盈亏平衡点，从而获得利润。

2．开展旅游市场营销是由旅游业的特点决定的

旅游产品是由多个单项服务产品组合而成的，各单项服务产品又分别由交通运输部门、饭店、餐饮、旅游景点和娱乐场所，以及其他服务部门或企业所提供，具有综合性强和关联度高的特点。在旅游业中，各行业、部门间呈现出非常紧密的互补关系，各行业的存在都以关联部门和行业的存在和发展为前提。各行业和部门的接待能力存在一定的内在联系和影响，如航空公司的运载能力不足，无形中减少了许多潜在旅游者，必然导致饭店、旅游景点的接待能力相对过剩。任何一个行业或部门的滞后发展都会使其他部门或行业的发展受到限制，任何一个部门的超前发展都会造成其他部门或行业的相对滞后。因此，旅游业在经营过程中必然要重视内部各行业或部门之间的协调，在整体规划、产品开发、市场营销等各个环节中充分考虑各利益主体之间的分工与合作，以便最大限度地发挥旅游业的整体效能。这也正是旅游市场营销工作的主要内容之一，即有效开展旅游市场营销，才能保证旅游产品整体效能的实现。

3．开展旅游市场营销是旅游企业参与旅游市场竞争的关键

在市场经济的条件下，旅游企业在市场规律的支配下能否适应不断变化的旅游市场营销环境，是旅游企业能否生存和发展的关键。旅游企业的竞争力首先表现为在变幻莫测的市场营销环境中，采取相应对策而谋求生存和发展的可持续性。

鉴于上述旅游产品和旅游业的特点，以及其与社会经济发展的关系，旅游企业必须

以市场营销观念为指导，根据旅游者的需要、根据自身供给条件和社会条件来组织营销工作。

四、旅游市场营销观念的演变

与市场营销观念类似，旅游市场营销观念同样经历了生产观念、产品观念、推销观念、市场营销观念、社会营销观念五个阶段。

1．生产观念

在旅游业发展的早期，标准化的包价旅游产品主导着未分化的大众旅游市场，旅游者无法根据自身需求选择产品，旅游企业主要考虑扩大生产和提高接待能力。

2．产品观念

随着社会经济的飞速前进、技术条件的变革以及旅游业的不断发展，旅游者的旅游需求、文化水平和旅游消费经验也在不断提高和丰富，他们对于标准化的旅游产品需求日趋减弱，旅游市场因此逐步分化成若干大小不一的细分市场，以方便不同需求的群体在不同的细分市场上寻求不同的旅游产品。

3．推销观念

进入 20 世纪 90 年代以后，随着以资本为核心资源的工业经济社会向以知识为核心资源的知识经济社会的转化，特别是以互联网为代表的信息技术的飞速发展，旅游者的消费意识和信息渠道发生了深刻的变化，旅游需求的个性化和多样化进程加快，致使旅游市场的划分出现了越来越细的发展趋势。旅游企业也纷纷派出人员前往旅游代理公司或旅游者细分市场进行推销宣传。

4．市场营销观念

相对于大众旅游时期来讲，现代旅游市场需求总体呈现出差异化、复杂化和个性多样化的特征。旅游者的个性化需求越来越强烈，现代旅游正在造就一大批“新型”的旅游者，其特点是阅历广、经验多、要求高。这意味着众多传统的观光度假产品将逐渐被追求多种兴趣、追求深刻体验的旅游经历所替代。为适应旅游需求日趋个性多样化和差异化的发展趋势，各类旅游组织开始调整其市场营销战略，通过细分甚至超细分市场，提供多样化的旅游产品，以满足旅游者日趋复杂多变的旅游需求。

5．社会营销观念

由于旅游业对于环境具有高度的依存性，它对环境重要性的认识更深刻，对环境的关注程度也更高。旅游业的可持续发展理念和生态旅游的蓬勃兴起正是社会营销观念的最好体现。例如，目前饭店业纷纷开展“绿色饭店”运动，为了节约纸张向客户提供再生制作的卫生纸，在客房里放置小册子宣传保护环境资源的日常方法等。在我国，旅游企业也积极开展 ISO14001 环境管理体系认证，我国饭店业星级评定中也开始加入有关环境保护的内容。

案例思考

《爸爸去哪儿》中的旅游市场营销

《爸爸去哪儿》节目中，从选择居住的房舍，到农户家要食材或是去菜市场购买食材，明星爸爸为孩子下厨做饭，划船欣赏沿途风光，滑沙比赛，打鱼，捉鸡，卖菜，到筹集路费等各环节，在充分体现旅游业的六大要素——“食、住、行、游、购、娱”之余，更是为当地旅游景区做了一次全面的市场营销。在拍摄地为云南省普者黑村的那期节目中，节目组对当地旅游社区活动的展现较多，如安排好的聚餐、敬酒、篝火舞蹈等，使观众清晰地识别旅游景区。而在山东省鸡鸣岛拍摄的节目中，则展现了嘉宾们陪孤寡老人聊天、逗他们开心的片段，通过镜头感染观众，呼吁社会关心独居老人。

思考：在云南省普者黑村和山东省鸡鸣岛的经典节目片段中，分别体现了哪种旅游市场营销观念？

分析：在云南省普者黑村的营销中，更注重对当地旅游产品和文化的展现，体现的是市场营销观念；而在山东省鸡鸣岛则更多地关注当地旅游居民的生活，呼吁社会关心独居老人，体现的是社会营销观念。

思考与练习

1．试举例说明旅游市场的特点。

2．市场营销观念经历了哪些演变阶段？

3．旅游市场营销的内涵是什么？旅游企业为什么必须开展旅游市场营销？

第二章

旅游市场分析

chapter 2

旅游市场分析是制定营销计划、进行科学决策的重要基础。旅游市场分析的目的是使旅游企业能够掌握市场的动态，确认市场营销的机会和威胁，满足旅游者的需求和欲望，更好地营销自己的产品和吸引新客源。

学习目标

- 理解旅游市场营销环境的概念和特点
- 掌握旅游市场营销调研的方法
- 掌握旅游购买者决策的过程

案例导读

万豪国际酒店管理集团公司的市场营销调研

万豪国际酒店管理集团公司（以下简称“万豪集团”）继承了已故的创立者J.韦拉德·马利奥特爵士的精神——倾听客户的需求。万豪集团管理者通过亲自阅读快速发展的住宿连锁店的每份客户的意见卡，概括出营销导向。万豪集团开发庭院酒店（中文官方名称为万怡酒店）的方式是营销调研应用于识别营销机会的优秀例子。

万豪集团第一家庭院酒店开业前花费了数十万美元用于调研，以判断住宿服务中存在的缺陷。酒店开工之前，万豪集团建造了一间有可拆墙体的样板房，为选定的参观者展示不同的客房外形，然后调研他们对各种外形的意见。调研过程持续到第一家亚特兰大庭院酒店开业，调研期间还同时测试了庭院酒店概念的市场反应。

开发小组经过多年的调研和分析之后，得出的主要结论是新型的接待设施有良好的增长空间，常客愿意拿一般酒店的额外利益，如宽敞的大厅和餐饮区，来和更好的客房、更为家居的感觉以及更低的房费进行交换。

思考：万豪集团使用了哪种调研方法？开展营销调研对于旅游市场营销有哪些优势？

案例扩展阅读 ------>

第一节 旅游市场营销环境

一、旅游市场营销环境的概念

旅游市场营销环境是指影响旅游企业营销活动的各种外部和内部因素的总和。旅游市场营销活动必须适应不断变化的、复杂的外部环境和内部环境。

二、旅游市场营销环境的特点

1. 旅游市场营销环境的客观性

旅游企业总是在特定的社会经济和其他外界环境条件下生存和发展的，旅游企业只要从事营销活动，就必须面对各种营销环境因素并受其影响和制约，这些环境因素不以营销者的意志为转移。因此，旅游企业要随时应对所面临的各种客观存在的外部环境的挑战，把握外部环境变化所带来的机遇。

2．旅游市场营销环境的差异性

由于社会制度、民族文化、经济发展水平的影响，不同国家的环境因素存在很多不一致的地方，如中国与美国的风俗习惯和文化特点各不相同。同时，同一国家的不同地区的某些环境因素也可能是不一致的，如我国不同地区在地理、自然条件乃至民族文化等方面的不同。分析研究营销环境这一特点，将有助于旅游企业因时、因地制定出可行的营销组合方案。

3．旅游市场营销环境的动态性

旅游市场营销环境总是处于发展变化当中，甚至是急剧的变化当中，如科学技术的日新月异、产业政策的调整、突发事件的发生等。这种动态的特征，加之旅游业固有的脆弱性，给旅游企业的营销活动增加了难度。

旅游市场营销环境的变化对旅游企业产生的影响主要有两种：一是指环境的变化导致旅游企业新市场机会的产生，即营销机会；二是指环境的变化对旅游企业形成新的威胁，即环境威胁。这就要求旅游企业根据环境因素和条件的变化，不断调整营销策略，抓住机会，减少威胁。

4．旅游市场营销环境的不可控性

除了市场营销环境中的企业内部环境因素是旅游企业可以控制的以外，其他众多的环境因素都是企业无法控制的，如一些景区突然遭遇地震、海啸等与旅游市场营销有密切关系的环境因素。当然，面对旅游市场营销环境的不可控性，并不意味着旅游企业对于环境无能为力，只能被动地接受环境带来的各种影响。企业可以以各种不同方式增强适应环境的能力，避免来自环境的威胁，在变化的环境中寻找新的机会，甚至在一定条件下影响环境。

三、旅游市场营销环境的类型

按照市场营销环境与旅游企业营销活动的密切程度，旅游市场营销环境可分为宏观环境和微观环境两大类。

1．旅游市场营销宏观环境

旅游市场营销宏观环境又叫间接营销环境，是指旅游企业运营的外部大环境，是通过影响微观环境来影响企业营销能力和效率的一系列重要的社会因素。宏观环境主要包括人口、经济、自然、科学技术、政治法律、社会文化等环境因素。

（1）人口环境

旅游市场是由具有购买动机并且有购买力的旅游者构成的，旅游企业进行市场营销活动，必须对人口环境因素进行分析。人口环境包括人口规模、人口结构、人口分布、人口流动状况等方面的内容。

1）人口规模。人口规模是指人口数量。人口规模决定着市场容量，即人口规模与市场容量、消费需求正相关。人口总数近年来增长迅速，使得服务需求增长较快，旅游者绝对数大幅度增加，给旅游业带来了极好的营销机会。但是人口规模的过度增长也会影响经济的发展并使购买力下降，从而限制旅游业的发展。

2）人口结构。人口结构是指不同特征的人口数量占人口总量的比例，主要包括年龄结构、性别结构和家庭结构等。

年龄结构是指各年龄阶段人口数量占人口总量的比例。目前全球年龄结构呈现出两个趋势：一是人口趋于老龄化，尤其是中国、日本等亚洲国家人口老龄化问题突出，这为旅游企业老年市场的开发提供了机会；二是许多国家的人口出生率下降，有更多的夫妇拥有闲暇时间和收入用于旅游和娱乐等。

知识链接

人口老龄化趋势带来的老年旅游产品需求

截至2017年年底，我国60岁以上的老年人口已超过2.4亿，占总人口比例的17.3%。在未来的很长一段时间，我国人口的老龄化越来越严重已是不争的事实。老年人口的增多不仅体现在抽象的数字上，更体现在真实的生活中，如旅游者中的老年人会越来越多，老年旅游者将逐渐成为旅游产品的消费主力之一。

体量巨大的老年旅游者群体，使得老年旅游产品有足够大的、日益增长的市场空间。而在这样的广阔空间里，有针对性的旅游产品营销策略是非常重要的。

在性别结构上，近年来女性的社会地位不断提高，促进了女性旅游者的增长。女性旅游者已逐渐形成一个重要的旅游消费市场。为了刺激女性出游，旅游企业不断推出购物之旅、美容保健之旅、国际服装艺术节之旅等以女性为主体的旅游活动。

家庭是购买和消费旅游产品的基本单位。家庭结构包括家庭数量、家庭人口、家庭居住环境等，这些都与旅游产品的数量、结构密切相关。家庭规模变小、家庭数量增加，使得家庭旅游市场的需求呈上升趋势。

3）人口分布。人口分布是指人口的地理分布。不同旅游者的旅游动机与人口的地理分布是有关系的。受文化背景、经济收入等的影响，不同地理环境的旅游者的消费行为之间存在着较大的差异。

近年来在人口地理分布方面的一个动向是人口的城市化。城市居民人口增多，直接导致有旅游需求者增多。如何适应人口城市化的特点去开发旅游市场，是旅游企业市场营销活动面临的问题之一。

4）人口流动状况。人口流动状况包括人口流动的数量、区域、时间长短、距离长短，人口流动的比例以及流动人口的结构变化等。目前人口流动的总趋势是人口从农村流向城市、从城市流向市郊、从欠发达地区流向发达地区。旅游者作为流动人口的一部分，出现的动向是出游时间增长和出游距离延长。

（2）经济环境

经济环境主要包括经济发展状况、消费者收入、消费结构、货币汇率等方面的内容。

1）经济发展状况。一个国家或地区的经济发展水平制约着旅游企业的市场营销活动。处于不同经济发展阶段的国家和地区，其旅游需求是不同的。客源地的国民生产总值越高，旅游需求量越大，而且旅游者更加重视旅游产品的品质与特色，使得品质竞争多于价格竞争。有研究指出，人均国内生产总值达 300 美元，就会兴起旅游风潮；人均国内生产总值达 1 000 美元，就会有出境旅游的需求；而人均国内生产总值为 1 500 美元以上的国家，旅游增长速度更为迅速。

2）消费者收入。消费者收入可分为个人收入、个人可支配收入和个人可任意支配收入。其中，个人可任意支配收入主要用于满足消费者基本生活必需以外的开支，通常用于购买奢侈品、旅游产品等非生活必需品，是消费需求中最活跃的因素。据统计，在经济发达国家中，平均每个国民的旅游费支出占个人收入的 4% ~ 6%。由此可见，消费者收入是衡量当地市场容量，反映购买力大小的重要尺度。一般来说，高收入的旅游者往往比低收入的旅游者在旅游过程中的平均逗留时间长、花费高。不同收入的旅游者在旅游中选择参加的活动类型、购买的旅游产品也因收入不同而有较大的差别。

3）消费结构。消费结构是指消费支出占总支出的比例关系。德国统计学家恩格尔根据统计数据提出了恩格尔系数，即“一个家庭收入越少，家庭收入中或家庭支出中用来购买食物的支出所占的比例就越大，随着家庭收入的增加，家庭收入中或家庭支出中用来购买食物的支出所占的比例就会下降”。只有在恩格尔系数足够小，家庭有能力购买生活必需品以外的娱乐及消费品时，人们才会选择旅游消费。

4）货币汇率。货币汇率反映不同国家不同货币之间的比价。货币汇率对国际旅游需求的变化起着重要的作用。对于旅游客源国而言，货币升值会促进旅游，货币贬值会阻碍旅游；对于旅游目的国而言，货币升值会阻碍旅游，货币贬值会促进旅游。

（3）自然环境

自然环境是指自然形成的各种自然因素——阳光、水、空气、土壤、岩石、植物、动物等的综合，是人类和其他一切生物赖以生存和发展的物质基础。人与自然环境相互依存、相互影响，共同构建了自然界的生态平衡。目前自然环境对旅游企业营销的影响主要反映在两个方面：一是自然资源趋于短缺、环境污染日益严重和许多国家对自然环境管理的干预日益加强等；二是旅游企业分析研究自然资源，特别是旅游资源的合理、科学利用的趋势。

（4）科学技术环境

科学技术环境的发展变化，给旅游企业带来了前所未有的机遇和挑战。它改变了消费者的行为习惯，推动了营销方式的变革，尤其是当今互联网技术的高速发展正在进一步缩短世界的距离，提高了旅游企业营销人员市场调研的及时性和评估决策的精准度。但是，新技术的发明也使得在线旅游服务商不断涌现，弱化了旅行社的代理功能，给传统旅游代理商带来了冲击。

（5）政治法律环境

政治与法律也是影响旅游企业市场营销活动的重要宏观因素。政治因素指明了企业营销活动的方向，法律因素则规定了企业营销活动的行为准则。政治因素和法律因素密切相关，共同作用于旅游企业的市场营销活动。

国家的法律法规，特别是关于经济、旅游的立法，对旅游企业市场营销会产生较大的影响。例如，《中华人民共和国旅游法》明确规定了应清理长期以来存在的零负团费、强迫购物和自费项目、景区门票上涨无度和欺客宰客四大乱象，规范了旅游企业和从业人员的经营行为。营销人员要了解政治法律环境，培养对政治与法律的敏感性，从而把握政治法律环境给企业带来的机会。

（6）社会文化环境

社会文化环境是指一定社会范围内的民族特征、风俗习惯、语言、宗教信仰、教育水平、行为规范、社会结构、家庭制度等的总和。不同的社会文化环境会使消费者的消费行为和消费方式存在较大的差异，形成不同的喜好和禁忌。这就要求旅游企业在针对不同的目标市场开展市场营销活动时，必须认真分析潜在消费者所处的社会文化环境，从而开展有针对性的市场营销，更好地满足消费者的需求和欲望。

2．旅游市场营销微观环境

旅游市场营销微观环境是指与旅游企业紧密相连，直接影响和作用于旅游企业市场营销活动的环境，主要包括旅游供应商、旅游市场营销中介、旅游者、竞争者、社会公众、企业内部等环境因素。

（1）旅游供应商

旅游供应商是指向旅游企业提供生产经营活动所需要的各种生产要素的组织或个人。各种生产要素包括旅游产品和服务、能源、物质材料、劳动力、资金等。旅游供应商对旅游企业营销活动的影响主要表现在供货的稳定性与及时性、供货的价格变动、供货的质量水平等方面。

（2）旅游市场营销中介

旅游市场营销中介是指协助旅游企业推广、销售和分配旅游产品给旅游者的组织或个人，主要包括金融中介机构、营销服务机构、旅游中间商等。旅游市场营销中介对旅游企业的市场营销活动影响重大，是后者产品和服务销售中的一个重要环节，因此旅游企业必须审慎选择营销中介。

（3）旅游者

旅游者是旅游企业产品和服务的最终消费者，是旅游产品的直接购买者或使用者，是影响旅游企业营销活动的最基本、最直接、最重要的环境因素，因此，旅游企业的一切营销活动都应以满足旅游者的需求为中心。旅游产品的购买者分为两类：旅游消费者和组织购买者。旅游企业应该根据自身的特点来分析企业所提供的产品和服务最适合的旅游者类型、购买行为以及消费方式，使营销活动更好地满足旅游者的需求。

（4）竞争者

旅游企业面对着各种各样、数量众多的竞争者。旅游企业要识别企业现实的和潜在的竞争者，判断竞争者的目标与战略以及与本企业的竞争关系，分析竞争者的优势与劣势，研究竞争者的反应模式，从而制定竞争战略，比竞争者更好地满足目标市场消费者的需求，以期在营销活动中取得有利的地位。

（5）社会公众

社会公众是对企业营销活动有现实或潜在利害关系和影响力的组织和个人。作为微观环境因素的社会公众主要表现为以下几个方面：媒介公众、金融公众、政府公众、地方公众、一般公众、企业内部公众等。旅游企业必须采取适当的措施与周围各种公众维护好关系，因为这些不同的公众都能促进或阻碍企业目标的实现。

（6）企业内部

企业内部各部门默契的协作对旅游企业营销工作的顺利进行非常重要。决策机构主要负责旅游企业发展方向、营销计划和方针及管理人员任免等重大事项的决策，是企业的最高权力机构。公关营销机构主要负责营销人员培训、举办活动及与新闻媒介联络。执行机构主要负责决策的实施、合理利用旅游资源并收集有用信息。

第二节　旅游市场营销调研

旅游市场营销调研是指有目的、有计划、有组织地开展的信息收集、处理、分析、储存、传递等一系列工作，是旅游企业经营决策的先决条件。它涉及的范围不能局限于旅游市场，而必须贯穿于营销管理的全过程，即从发现、判断市场机会，到计划、执行、控制以及信息反馈，都是旅游市场营销调研的范围。

一、旅游市场营销调研的内容

1．旅游市场需求和变化趋势

旅游企业应收集旅游客源地信息资料，如国家或地区经济政策、人口构成、收入水平等，测定市场的潜在需求和现实需求的总量，预测市场变化趋势。

2．旅游市场竞争情况

旅游市场竞争情况是直接影响旅游市场营销的不可控因素，需要认真研究。旅游企业应收集旅游市场竞争情况的信息主要包括以下几点。

（1）市场占有率

市场占有率的相关信息可以使旅游企业管理人员了解旅游企业在竞争中的实际情况。

（2）竞争者的特点

竞争者的特点主要包括有形要素和无形要素的特点。企业的有形要素主要是指企业建筑物、设备、环境等可视要素；企业的无形要素主要是指企业文化、精神、技术、经验等不可视要素。

（3）竞争对手的营销策略和实际做法

了解竞争对手的营销策略，有助于制定本旅游企业的营销方案。旅游企业管理人员应着重了解本企业的竞争对手所吸引的细分市场。在收集竞争对手信息时，旅游企业管理人员应着重了解四个方面的情况。

1）竞争对手吸引哪些细分市场。

2）竞争对手采用什么策略来建立市场声誉。

3）竞争对手使用哪些广告媒体和营销方法。一段时间不间断从互联网或报刊上收集竞争对手的广告，是获得这方面信息最好、最简便的方法。

4）竞争对手的营销策略是否成功。

二、旅游市场营销调研的程序

1．确定调研项目和目标

旅游市场营销首先要确定调研项目和目标。调研项目是指调研什么对象及调研范围是什么，调研目标是指调研旨在了解或解决什么问题。

2．制定调研计划

调研计划是旅游市场营销调研的行动纲领，用于保障调研工作有条不紊地进行。它主要包括调研方案设计、组织机构设置、调研经费预算、调查人员培训等。调研方案的内容包括调研的目的与要求、调研时间、调研地点和范围、信息来源、调研方法、调研工具、调研对象、调研进度以及提交报告的形式等内容。

3．收集、处理信息资料

收集、处理信息资料的主要任务是系统地收集调研所需的信息资料，并通过对有关资料、数据的处理形成调研报告的雏形。

4．解释调研结果并编写调研报告

旅游市场营销调研的最后一个步骤是解释调研结果并形成调研报告，以供决策者参考。调研报告一般包括导语、正文、结尾和附录四部分。正文应涉及调研方法、误差范围、调研结论和建议，附录应包括注意事项与参考文献。

三、旅游市场营销调研的方法

基于旅游市场本身的复杂性，在选择调研方法时就需要与调研任务的特点和旅游市场本身的特点相结合，常用的方法主要有文案调查法、询问法、观察法、实验法和网络调查法等。

1．文案调查法

在获取第二手资料的时候常用到文案调查法。文案调查法又称资料查阅寻找法、间接调查法，是指围绕某种目的对公开发表的各种信息、情报进行收集、整理、分析、研究的一种调研方法。这种方法省时、省力、省钱，具有较高的操作性。因此，很多市场营销调研都始于文案调查法。

2．询问法

询问法是调查人员以询问方式收集原始资料的方法。按照调查人员与被调查人员接触方式的不同，询问法可分为多种类型，典型的有面谈调研、电话调研等。在询问的过程中，调查人员应该保持中立的态度，把握询问的方向和主题，并根据被调查人员的特点灵活提问，同时注意提问的方式和所使用的语言。

3．观察法

观察法是指调查人员以观察的方式收集原始资料的方法。与询问法不同的是，观察法主要观察被调查人员的行为、态度和情感，它是不通过提问或者交流而系统地记录人、事件的行为模式或特征的过程。常见的观察方法有人员观察、器械观察等方式。例如，饭店可以派调查人员参加其他旅行社所组的旅游团，以此来发现竞争对手的客房和餐饮报价，了解旅行社各类消费者对饭店的服务需求模式，观察旅行社与饭店的合作状态等。

4．实验法

实验法是最正式的一种调研方法，是指调查人员以实验求证的方式收集原始资料的方法。例如，某一连锁饭店在两个类似城市试验不同价格对下属连锁饭店客房销售额的影响。如果实验时除价格以外的其他营销组合都一样，则该连锁饭店在两个城市的客房销售额的差异就与定价有关。

5．网络调查法

随着信息技术的发展，个体可以通过网络进行物质活动、精神交往和话语交流，这为网络调查提供了巨大的技术机遇和发展潜力。网络调查可以跨越时间和空间的限制，不仅节省了人力、物力和财力，而且也有利于调查效率的提高。目前应用较多的网络调查法有网站调查、网页调查、电子邮件调查、网络会议法。

第三节 旅游购买者行为分析

旅游购买者行为分析是指在对旅游购买者的行为进行分析的基础上，科学地确定产品服务的对策，有针对性地制定产品、价格、渠道和促销策略，以提高市场营销的效率，在充分满足旅游者需求的前提下最终实现企业的发展目标。

一、旅游购买者行为的内涵

旅游购买者行为是指旅游者购买旅游产品的活动以及与这种活动有关的决策过程。它包括旅游者为什么购买、购买什么样的旅游产品、如何购买、何时购买、何地购买、由谁购买以及旅游者的购买决策过程。

旅游购买者行为是旅游者个人特征及环境因素共同作用的结果。

二、旅游购买者行为的分类

旅游者的购买行为由于受旅游者的个性、心理、社会因素以及环境因素的影响，表现为不同的购买行为，常见的分类有以下几种。

1．按照旅游购买者的性格特点分类

按照旅游购买者性格特点的不同，可将旅游购买者行为分为习惯型行为、经济型行为、知识型行为、冲动型行为，这四种类型的行为分别由习惯型购买者、经济型购买者、知识型购买者和冲动型购买者产生。

习惯型购买者往往根据过去的习惯而购买某种旅游产品。经济型购买者购买旅游产品时特别重视价格，善于发现别人不易发现的价格差异。知识型购买者在购买之前会对所要购买的旅游产品进行分析、研究，实际购买时会精心挑选、按需购买，不会受外界干扰，一般高端旅游者的购买行为大多属于此类。冲动型购买者以年轻人居多，其购买行为大多由于情感的冲动，易受外界广告宣传、现场情境等因素的影响，他们在购买时喜欢追求新奇和刺激性，不太计较价格，只要符合个人兴趣就会购买。

2．按照旅游购买的决策主体分类

按照购买决策主体的不同，旅游购买者行为可分为两类，即旅游者的购买行为和组织机构的购买行为。前一种购买行为主要是个体旅游者单独出游产生的，后一种购买行为是旅游机构组织众多的个体旅游者结伴而行产生的。

3．按照旅游购买者目标的确定程度与决策行为分类

（1）全确定型行为

这种类型也称例行反应行为类型，是指旅游购买者在购买行为发生之前，就已有明确的购买目标和具体要求，如旅游产品的类型、数量、价格，他们根据已经确定的目标和要求进行购买行为。这种情况下，旅游购买者所购买的大多属于价格适中或经常购买的旅游产品，且很少受营销手段的干扰。

（2）半确定型行为

这种类型也称有限度解决问题行为类型，是指旅游购买者对旅游产品有大致的购买意向，但具体目标和具体要求需要经过对同类旅游产品的比较后才能做出购买决策的购买行为。这种情况下，旅游购买者一般会收集多方面的信息来降低不太熟悉的旅游产品的购买风险。为此，营销人员应当设计一套沟通方案增进旅游购买者对旅游产品的认识和信心，以坚定其购买决心。

（3）不确定型行为

这种类型也称广泛问题行为类型，是指旅游购买者没有明确和确定的购买目标，购买与否都是随意的、不确定的购买行为。一般旅游购买者在选择不太熟悉且价格较昂贵的旅游产品时，通常会出现较大的随机性。因此，营销人员需要研究潜在旅游购买者的心理特征，主动热情地为其做好宣传服务，尽量引起他们对某一旅游产品的兴趣。

案例思考

“90后”旅游购买者行为分析

相对于“80后”，“90后”代表着崛起的一代，是即将成为主流的旅游者。对“90后”的购买习惯，特别是对其旅游产品购买习惯、旅游兴奋点、目的地选择等的把握，在一定程度上能助力旅游市场开发人员为未来五年甚至十年提早布局。

2018年，途牛旅游网发布的《“90后”旅游消费报告》显示，“90后”群体每年旅游在1～3次，每年的出行旅游高峰在1、2月和6、7月这两个寒暑假时间。最受“90后”欢迎的热门目的地分别是丽江、成都和杭州。

根据数据显示，“90后”在旅游出行上的频率较高。一年里出行1～3次的占74%，出行3～5次的占20%，剩下的6%出行则在5次以上。

在旅游方式上，选择结伴出行有不小的比例。数据显示，“90后”用户一笔订单超过两张机票或两间饭店客房的比例约占30%。“90后”“拉帮结伙”，一起出游的特点，意味着一个旅游者可以带动两个以上的消费者，这为旅游在线平台因势利导推出“两人出行直减”等活动提供了商机。

在旅行消费上，“90后”平均旅游消费1 500元以下的占51%，1 500～3 000元的占28%，还有21%的高于3 000元。3 000元以上的消费占据近1/4的比例，可见“90后”群体在旅游消费上的确舍得花钱，当然这也不排除回家探亲这样的出行在内。

此外，从去哪儿网发布的首个高星级饭店报告中可以看到，“90后”现在已经成为高星级饭店的消费主力，但这些饭店大多是做优惠活动或比较实惠的高星级饭店。

思考：“90后”旅游者出境游购买行为的特点有哪些？

分析：①出游频次：高频次，以1～3次为主流；②出游方式：结伴旅行为主，注重小群体出游；③旅游消费习惯：消费水平较高，成为高性价比高星级饭店的消费主力。

三、旅游购买者行为的影响因素

旅游者的购买行为除了受到社会因素、文化因素和个人因素影响之外，还受到旅游需要、旅游动机及学习等心理因素的影响。

1．旅游需要

旅游需要是人类总需要中的一个组成部分，是人类改变日常生活环境以调节身心健康的一种需要，属于高层次的需要。同时，旅游需要也是一种综合性的需要，它在一定程度上包含了人类各层次需要的内容，包括了食、住、行、安全、求知、社会交往、审美需要等各个方面。

2．旅游动机

旅游动机是推动人们进行旅游活动的内在驱动力，它指明了旅游行为的方向，并引导着人们进行旅游活动的心理过程。旅游动机来源于旅游需要，而人的旅游需要具有多样性的特点，因此旅游动机也是非常丰富和复杂的。一般来说，可将旅游动机归纳为以下五种。

（1）身心方面的动机

身心方面的动机主要是为了健康或寻求精神上的乐趣。人们为了调剂身心，解除身体的疲劳、精神的疲惫和心理的压力，需要暂时脱离工作环境和家庭环境，于是产生旅游动机。例如，许多白领阶层选择在周末进行短途旅游，主要是为了避开日常繁忙工作的困扰，调节生活节奏。这种旅游动机包括度假、疗养、体育活动、消遣娱乐活动、观光等。

（2）文化方面的动机

文化方面的动机主要是为了认识和了解异国他乡、扩大视野、丰富知识而产生的动机，如了解旅游地的文化艺术、风俗习惯、政治经济等状况，以及进行学术交流和艺术交流等。

（3）社会方面的动机

社会方面的动机又叫交际动机，是为了社会交往，保持与社会的经常接触而产生的一种动机，如探亲访友、旧地重游、开展社交活动、宗教朝圣等。

（4）地位和声望方面的动机

选择不同档次的旅游项目往往是不同社会地位及身份的象征，因此旅游者希望通过旅游得到别人的承认、引人注意、受人赏识、获得良好的声誉等。属于这类动机的旅游行为主要有参加会议、考察研究、追求业余爱好和求学等。

（5）经济方面的动机

经济方面的动机是指人们为达到一定的经济目的而产生的旅游动机，包括贸易、经商、购物等。例如，每年在我国举办的中国进口商品交易会，来洽谈贸易的大批客商就是出于经济方面的动机。

然而，人们在实际的旅游活动中，一种需要得到满足之后，还会产生新的需要，这样，新的动机又会产生。旅游动机的产生与满足始终是一种动态的过程。

对营销人员而言，一方面要设置刺激物，激发旅游者的旅游动机，如制作精美的广告画面、设计经典的广告语言等；另一方面要设法控制旅游者的旅游动机，激励他们在同样期望的选择面前，取其一而舍其他，如饭店独特的风格气氛、免费赠品、美味的食物等，都会激励旅游者再次光顾。

3．学习

人类的行为有些是本能的、与生俱来的，如新生婴儿的啼哭，但大多数行为（包括消费行为）是从后天经验中获得的，即通过学习、实践得来的。

学习过程就是人们在社会实践中，受后天经验的影响而改变其行为的过程。学习能对旅游者的动机、感知及态度产生很大的影响，同时深刻影响着旅游购买行为的产生。例如，首次出游的旅游者，在旅游产品购买中往往倾向于稳妥、成熟的全包价旅游产品，而多次出游的旅游者则由于学习经验的获得，往往更倾向于选择自由度高的半包价或者自助游产品。

四、旅游购买者的购买决策过程

一般而言，旅游购买者的购买决策过程可分为五个阶段：认识需要、收集信息、评估选择、购买决策和购后行为，如图 2—1 所示。

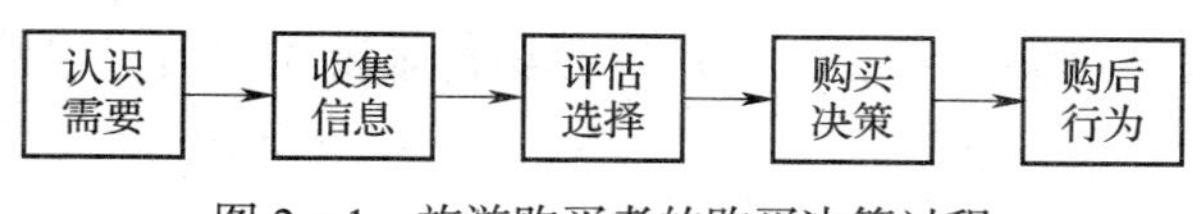

图 2—1 旅游购买者的购买决策过程

1. 认识需要

引起需要一方面是人体内部的刺激，另一方面是人体外部的刺激或“接触诱发”（如旅游线路广告图或听说某地具有吸引力）。引起需要后，需要上升到一定程度就成为行动力量。

对营销人员而言，应该去深入了解旅游购买者产生需要的生理、心理状况，旅游者所处的环境，掌握旅游者身心状况的特点和周围环境中促使其产生需要的因素，从而发现旅游者会产生什么类型的旅游需要或问题、产生需要的原因，以及此次需要会引导旅游者寻求何种旅游产品等信息，以便有针对性地制定营销策略。

2. 收集信息

一般来说，一个被唤起需要的旅游购买者会从商业来源（广告、经销商、推销人员等）、社交来源（亲友、邻居、熟人等）、大众来源（大众传播媒体、各种评审组织等）、经验来源（自身的旅游经验）四种信息来源获得旅游信息。

3. 评估选择

评估选择是旅游购买者在获得全面的信息后，根据这些信息，并运用一定的评价方法，对同类旅游产品的不同品牌加以评价，最终做出选择的过程。旅游购买者在评估过程中涉及一系列评价标准，这些标准通常是由旅游购买者自身的态度和旅游产品的客观属性共同构成的，具有多样性的特点。但无论如何，旅游产品能够提供给旅游者的“利益”是旅游购买者决策行为的最终标准。正如，在同等条件下，大众评价好、有一定品牌效应的饭店和普通饭店之间，旅游购买者评估后的选择多是前者。

要增强旅游产品的吸引力，营销人员可以从两个方面努力：一是提高旅游产品的形象，使旅游购买者感到该旅游产品各个属性提供的利益有所增加，如以购物体验著称的日本就以其卓越的市场形象要素取胜；二是努力提高该产品优秀属性对旅游者的重要性，或者提高被忽视属性的重要程度，如故宫博物院对于自身文化属性的强调。

4. 购买决策

购买决策是旅游购买者做出购买决定和实现旅游产品购买的过程，是旅游购买行为的中心环节。旅游购买者对旅游产品信息进行评估后，就会初步形成购买意图。但从购买意图到决定购买之间，还会受他人态度和意外环境因素的影响。

（1）他人态度

他人态度主要是旅游购买者家人的态度或是其他关键人士的态度。他人的反对态度越强烈，或反对者与旅游购买者的关系越密切，旅游购买者修改购买意图的可能性就越大。

（2）意外环境因素

意外环境因素包括与产品相关的突发因素和与产品无关的突发因素。

与产品相关的突发因素可能是旅游购买者突然发现了有关产品的不利信息，如该旅游产品突然涨价或目的地发生流行性疾病等；与产品无关的突发因素包括旅游购买者出现了其他更为迫切的购买需要或闲暇时间减少等因素。这些因素都有可能改变旅游者的购买意图。

旅游购买者修改、推迟或取消某个购买决策，往往是受已觉察到的风险的影响。“察觉风险”的大小，随所购产品金额的多少、产品性能的稳定程度及购买者自信心强弱而定。因此，营销人员应设法使旅游购买者所承担的风险减少到最低限度，令旅游者对旅游产品产生依赖和认可，促进旅游者做出购买决定并付诸实行。

5. 购后行为

旅游购买者购买某项旅游产品之后，会通过实际消费行为来检验自己的购买决定是否正确，确认满意程度，作为以后类似购买活动的参考。因此可以说，购后行为是购买决定的反馈阶段，它是本次购买活动的结束，也是下次购买或不购买的开端。购后行为包括购后满意度评价和购后活动两方面内容。

（1）购后满意度评价

购后满意程度取决于旅游购买者购前期望得到的实现程度。如果感受到的产品效用达到或超过购前期望，就会满意，超出越多，满意度越大；如果感受到的产品效用未达到购前期望，就会不满意，差距越大，不满意度越大。

旅游购买者对旅游产品的期望质量是根据营销人员提供的信息及其他来源的信息综合形成的。因此，营销人员在提供信息时要实事求是，不能过分夸大旅游产品的实际效用，否则会在期望质量和实际质量之间形成较大的差距，导致旅游购买者的不满。

（2）购后活动

购买后的满意程度会影响到旅游购买者的购后活动。如果旅游购买者消费产品后感到满意，则反应大体相同，即重复购买该企业的产品或带动他人购买产品。如果旅游购买者消费产品后感到不满意，其反应则迥然不同：有的旅游购买者会寻找能表明该产品具有其他价值的信息，证实自己的选择是正确的；有的旅游购买者可能会向旅游企业、旅游管理部门及旅游行业协会提出投诉，要求退还费用或补偿损失；有的旅游购买者则倾向于不再购买此项旅游产品或该旅游企业的产品；有的旅游购买者会警告相关群体注意该旅游产品以免上当，通过发泄不满来恢复心理平衡。

旅游购买者决策过程与旅游市场营销行为模型如图 2—2 所示。

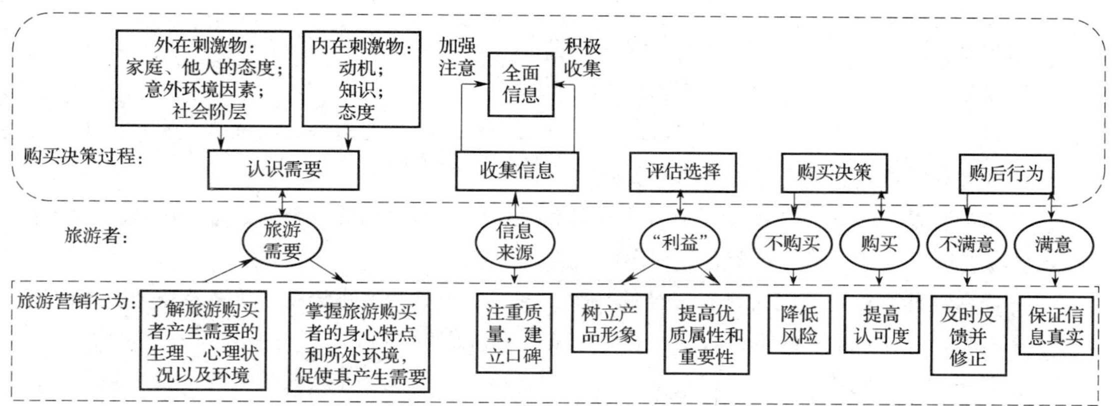

图 2—2 旅游购买者决策过程与旅游市场营销行为模型

旅游企业在认识了影响旅游购买者购买行为的各种影响因素之后，就可以从总体上考察其购买的全过程，有针对性地进行旅游市场营销。

案例思考

王先生一家的旅游购买行为分析

王先生：35 岁，某船运公司部门经理，月薪 4 000 元，从小在北方长大。

王太太：32 岁，某中学历史老师，月薪 2 800 元，从小在重庆长大。

儿子：8 岁，上小学二年级。

一个周末的晚上，王先生一家在客厅里看电视，电视画面为某儿童游乐园的场景。顿时，儿子大叫了起来：“我要去那儿玩，爸爸，我要去那儿玩。”“行，放假了爸爸带你出去玩。”王先生敷衍道。

王太太对丈夫说：“咱们家房子也买了，儿子现在还小，爸妈都有退休工资，日子还算稳定。你看邻居老李家，每年都出去玩一次，我们是不是也该出去看看，让儿子长长见识。”

接下来的几天里，王先生上网查了一些资料，电话咨询了相关人员，又到旅行社听取了前台接待人员对新马泰、欧洲游和日韩游、澳大利亚游等旅游线路的介绍。然后，夫妻俩有了以下对话：

“我想我们去新马泰吧，欧洲游的价格太贵了。”尽管在王太太的心目中，欧洲对她的吸引力更大，但她还是做出了这样的决定。

王先生接着说道：“我有个同学去新马泰玩过，还比较满意，说在那里可以领略到美丽的东南亚风情。”

王太太打断了丈夫的话，说：“我听同事说到新马泰旅游，如果报价格低的团，购物特别多，让人很扫兴，我们就报标准高一点的团。”

最后，王先生报了一个新马泰高品质团，他们全家在暑假期间进行了一次愉快的旅行。

思考：请对王先生一家购买旅游产品的过程进行分析。

分析：

认识需要：这是购买过程的开始，王先生家的旅游需要是由外部的刺激（儿子要求出去玩以及看到邻居家每年都出去旅游）引起的。

收集信息：王先生在决定了要外出旅游之后，就开始对相关旅游信息进行收集，主要是通过网络、电话、旅行社前台咨询和朋友建议等渠道。

评估选择：旅游购买者进行评估选择时，会在多个目的地中进行。王先生一家更看重旅游风景、旅游品质和价格，所以最后选择了新马泰高品质游。

购买决策：购买意图如果不受其他相左意见的干扰，就会导致购买行为，但购买行为常会受他人意见的干扰。王先生受王太太和同学的影响而选择新马泰游。

购后行为：旅游购买者在完成消费行为后，一般会有三种体验：满意、不满意以及疑虑。由案例可知王先生一家对这次旅行很满意。

思考与练习

1．旅游市场营销环境有哪些特点？

2．旅游市场营销微观环境包括哪些内容？

3．什么是旅游市场营销调研？旅游市场营销调研有哪些程序？

4．简述旅游购买者的定义及类型。

5．旅游购买者的购买过程一般包括哪几个阶段？营销人员应采取哪些相应的营销措施？

第三章

旅游目标市场营销

chapter 3

旅游市场机会无时不在、无处不有，但通常情况下，由于资源、人力、时间、财力等的限制，一个旅游企业不可能同时向市场上的所有旅游者提供自己的产品和服务。也就是说，任何旅游企业或任何旅游产品都不可能满足所有旅游者的需求，一个旅游企业所能满足的只是整体旅游市场中十分有限的部分。旅游企业只有在做好充分市场调研的基础上，正确细分市场，识别市场机会，才能选择恰当的目标市场，进行市场定位，形成与其他企业的区别，确立企业的竞争优势。

学习目标

- 理解旅游市场细分的概念
- 掌握旅游市场细分的标准
- 掌握旅游目标市场选择和旅游目标市场定位的方式

案例导读

暑期旅游市场新动向

主题式夏令营的名字越来越吸引人，形式与内容也渐趋多样。每年夏季，以强化英语学习为卖点的修学游都会适时出现在各大旅行社的宣传页上，目标锁定以英语为母语的国家。此外，一系列形式新颖的夏令营也投放到了暑期高端市场，如北京某旅行社曾推出的“酷夏德国行”足球夏令营：小队员可以在贝肯鲍尔的故乡接受国际专业教练的培训、造访慕尼黑1860足球俱乐部、观摩球队训练，并与当时效力于该队的中国球员邵佳一合影留念。此外，暑期市场上还投放“德国音乐”“韩流明星”等主题鲜明的夏令营供学生们选择。

业内人士指出，随着旅游市场的不断细分，长达两个月的暑期旅游市场越来越受到国内旅行社的重视。对于“利润第一”的旅行社而言，应该在加强特色产品开发的基础上，多替学生群体准备些“精神食粮”；同时在主打高端市场的前提下，也能适时开发一些微利但社会效益显著的主题产品，进一步树立旅行社的品牌形象。

思考：为什么旅行社针对暑期旅游市场可以开发出众多的主题产品？

案例扩展阅读 ------>

第一节 旅游市场细分

一、旅游市场细分的概念

旅游市场细分是指企业以旅游者的需求差异为出发点，根据旅游购买者行为的差异性，把旅游者总体市场划分为许多类似购买群体的细分市场的活动过程。经过市场细分以后，具有相似需求的旅游者群体就构成了一个细分市场。例如，根据不同年龄层旅游者的特点，将旅游市场划分为老年旅游市场、青年旅游市场、儿童旅游市场等。

知识链接

市场细分的概念是美国市场学家温德尔·史密斯于1965年在《市场营销策略中的产品差异化与市场细分》一文中最先提出来的，之后受到国际市场营销界的普遍重视。市场细分理论的基础是消费需求的差异化。市场细分是企业通过营销调研，根据消费者的需求和欲望等特性把整体市场划分为若干不同类别的子市场的过程。每个子市场具有相似的消费需求，不同的子市场消费需求差异明显，这些有相似消费需求的子市场就是细分市场。

二、旅游市场细分的作用

旅游市场细分不是从产品出发，而是从区别旅游者的不同需求出发，其目的是使企业选择和确定目标市场，实施有效的市场营销组合，从而以最少、最省的营销费用取得最佳的经营成果。

现代战略营销的核心可以被描述为“STP”营销，即市场细分（Market Segmentation）、目标市场（Market Targeting）、市场定位（Market Positioning），而市场细分是目标市场选择和市场定位的前提和基础，由此可见其重要性。具体来说，市场细分对于旅游企业有以下作用。

1．有利于选择目标市场和制定市场营销策略

市场细分后的子市场比较具体，比较容易了解旅游者的需求，旅游企业可以根据自己的经营思想、产品特点和营销力量确定自己的服务对象，即目标市场，针对较小的目标市场，便于制定特殊的营销策略。同时，在细分的市场上容易了解和反馈信息，一旦旅游者的需求发生变化，旅游企业可迅速改变营销策略，制定相应的对策，以适应市场需求的变化，提高企业的应变能力和竞争力。例如，雅高酒店集团在一些城市的饭店客房市场之所以能占有很大的份额，应该归功于其旗下不同定位的自有品牌饭店：“索菲特”品牌吸引高档商务旅行者，“诺富特”品牌吸引中档消费旅行者，而“宜必思”品牌吸引家庭和经济型旅行者，雅高酒店集团为各个目标市场提供了不同的市场营销组合。

2．有利于发掘市场机会和开拓新市场

所谓市场机会，是指市场上客观存在的尚未得到满足或未能充分满足的消费需求。通过市场细分，旅游企业既可分析与了解各类旅游者的情况，看哪一类旅游者的需求已经得到满足，哪一类尚未有合适的产品去满足，哪一类满足的程度还不够；也可分析与了解在各个细分市场上，哪些竞争激烈，哪些平缓，哪些有待发展等。在分析与了解的

基础上，旅游企业再结合自己的实际情况选择合适的目标市场。

3．有利于集中资源投入目标市场

任何一个企业的人力、物力、资金都是有限的。通过市场细分，选择了适合自己的目标市场，企业可以把主要市场资源用在自身最具实力的竞争市场上，有效地制定产品、价格、销售渠道和促销策略，去争取局部市场上的优势，占领自己的目标市场。例如，早在 2014 年，中青旅控股股份有限公司便在京发布高端旅游品牌——“耀悦”，专注于为客人提供顾问式、一站式、终身制的旅游服务，其“私人订制”的服务模式受到许多高端旅游者的追捧。

三、旅游市场细分的原则

旅游企业可根据单个因素或多个因素对市场进行细分。选用的细分标准越多，子市场也就越多，每个子市场的容量就越小；相反，选用的细分标准越少，子市场也就越少，每个子市场的容量则相对较大。如何寻找合适的细分标准对市场进行有效细分，在营销实践中并非易事。一般而言，成功、有效的市场细分应遵循以下基本原则。

1．可衡量性原则

可衡量性原则是指市场细分的标准（变量）以及细分后的市场是可以被识别和衡量的，是有明显的区别和界限的。旅游企业进行市场细分时所细分出来的市场不仅范围明确，而且对其容量大小和细分后的市场潜力都能大致做出判断。细分标准要能够被定量地测定，并且与旅游者的某些购买行为有必然的联系。有些细分变量，如具有“冲动心理”的青年人，在实际中是很难测量的，以此为据的细分市场就不具有意义。

2．可进入性原则

可进入性原则是指细分出来的市场应是旅游企业营销活动能够抵达的，即是通过努力能够使产品进入并对旅游者施加影响的市场。细分市场的可进入性，包括两个方面：一是细分的市场有足够的规模，有一定的顾客人数和购买力，其容量或规模要大到足以使企业获利，值得进入。二是细分后的市场是旅游企业有能力进入和占领的。旅游企业细分市场确立的目标市场是企业利用现有的人力、财力和物力所能达到的，如果细分市场所需的资源远远超过企业的能力，就会得不偿失。例如，旅游企业的欧洲豪华旅游产品，如果将我国边远山区作为一个细分市场，恐怕在较长时间内都难以进入。

3．可盈利性原则

可盈利性原则要求细分出来的市场在旅游者人数和购买力上足以达到有利可图的程度。如果市场规模太小、潜量有限，细分出来的市场对企业营销的意义就不大；反之，就可以作为细分市场。例如，我国的老年旅游市场虽然占总体市场的比重相对较低，但市场购买力强，可以为企业带来可观的盈利。

4．稳定性原则

稳定性原则是指旅游企业在占领市场后相当长的时期内，无特殊情况一般不改变自己的目标市场，也就是保持一定程度的稳定性。旅游市场细分是一项非常复杂的工作，需要投入较大的成本，细分后的市场应该有利于企业制定长期的市场营销策略，进而有效地占领目标市场，获得预期的经济效益。如果目标市场经常改变，势必会带来旅游企业经营设施和营销策略的改变，会使企业的营销活动与其脱节，营销策略失效，给企业带来很大的风险。

四、旅游市场细分的标准

如前所述，一种旅游产品的整体市场之所以可以细分，是由于旅游者的需求存在差异性，而旅游者需求的差异性是由旅游者的生理特征、社会经济地位及消费心理等方面综合所致。引起旅游者需求差异的关键在于找到合适的细分市场的标准。概括来说，细分旅游者市场的变量主要有四类，即地理变量、人口变量、心理变量和行为变量，以这些变量为依据来细分市场就产生出地理细分、人口细分、心理细分和行为细分四种市场细分的基本形式。

1．地理细分

地理细分是指以地理因素作为标准细分市场，是按旅游者所在的不同地理位置以及其他地理变量来划分市场。

不同地理条件下的旅游者基于当地的自然条件、经济发展水平、文化和生活方式、消费观念，在旅游消费和购买行为上存在较大的差别。以我国为例，东部地区和西部地区的收入和经济水平差距很大，南方和北方的气候条件、生活方式明显不同。地理因素下的市场细分见表 3—1。

表 3—1　　地理因素下的市场细分

划分标准	主要地区	输出国和接待国的空间距离	地理气候	人口密度
主要类别	欧洲、美洲、东亚及太平洋、东南亚、中东、非洲	远程和近程	南方、北方，热带、亚热带、温带、寒带	都市、郊区、乡村

地理变量表现稳定、易于识别、便于分析，是细分市场应予以考虑的重要因素，但处于同一地理位置的旅游者需求仍会有很大差异。例如，在我国的一些大城市，如北

京、上海，流动人口高达数百万，这些流动人口本身就构成一个很大的市场，且有许多不同于常住人口市场的需求特点。所以，简单地以某一地理因素区分市场，不一定能够真实地反映旅游者的需求共性与差异，旅游企业在选择目标市场时，还需结合其他细分变量予以综合考虑。

2．人口细分

人口细分是按照人口变量（性别、年龄、收入、职业与教育水平、家庭生命周期等）来细分旅游者市场的。

旅游者的需求与人口细分变量有着密切的联系，并且这些因素比较容易衡量，相关数据比较容易获取，这也是旅游企业经常以它作为市场细分依据的重要原因。人口细分变量具体包括以下方面。

（1）性别

由于生理上的差别，男性与女性在旅游产品需求与偏好上有很大不同，如男性偏好探险类旅游，而女性花在旅游购物中的时间较长。随着受教育程度和收入的提升，女性旅游者呈迅速增长的态势，女性旅游者将成为旅游市场的重要客源。

（2）年龄

不同年龄的旅游者有不同的需求特点，旅游者的需求和欲望会随着他们年龄的增长而发生变化。一些旅游企业运用年龄和生命周期细分法，为不同年龄和生命周期的消费者群提供不同的产品或采取不同的营销方法。例如，老年人一般已退休，休闲时间不受限制，是旅游饭店淡季的理想客源；而年轻人观念新，喜欢追求新的经历和感受，愿意尝试新的饭店和新的设施设备，他们更喜欢结伴出行，携带少量行李入住快捷便宜的饭店。

（3）收入

高收入旅游者与低收入旅游者在产品选择上有显著不同。例如，同是外出旅游，在交通工具和食宿地点的选择上，高收入者与低收入者一般都会“量入为出”。正因为收入是引起需求差别的一个直接而重要的因素，在旅游产品的设计上根据收入来细分市场相当普遍。一般来说，收入水平较高的旅游者旅游的距离较远，旅游的时间较长，消费也较高。

（4）职业与教育水平

旅游者职业不同、教育水平不同，旅游需求也会不同。例如，乡村旅游者喜欢到城市旅游，而知识分子则喜欢文化气息浓厚的景区。教育程度和文化水平对旅游者行为的影响表现在两个方面：一是旅游动机的强弱，二是旅游感受的深浅。

（5）家庭生命周期

一个家庭，按年龄、婚姻和子女状况，可划分为七个阶段。在不同阶段，家庭购买力、家庭人员对旅游产品的兴趣与偏好会有较大差别，具体见表 3—2。

表 3—2　家庭生命周期不同阶段的消费特点

阶段＼特点	家庭特点	经济状况	消费特点	旅游购买方式
单身阶段	年轻、单身、无负担	几乎没有经济负担	新消费观念的带头人	旅游中的娱乐消费较高
新婚阶段	年轻夫妻、无子女	经济条件比较好，购买力强	讲究浪漫	度假旅游
满巢阶段 1	年轻夫妻，子女 6 岁以下	不满足现有经济状况	主要购买家庭用品	很少旅游
满巢阶段 2	年轻夫妻，有 6 岁以上子女	经济状况较好	购买理智，注重高档商品和子女教育投资	小包价方式
满巢阶段 3	年长夫妇与未独立成年子女同住	经济状况较好	注重储蓄，消费时冷静、理智	观光旅游、游轮旅游
空巢阶段	年长夫妇，子女离家自立	前期购买力达到高峰期，退休后收入减少	娱乐及服务性消费支出增加	休养旅游、出境游
孤独阶段	单身老人独居	收入锐减	注重情感需要及安全保障	探亲旅游

除了上述方面，经常用于市场细分的人口变量还有家庭规模、国籍、种族、宗教信仰等。实际上，大多数旅游企业通常采用两个或两个以上人口统计变量来细分旅游市场。

3．心理细分

在地理环境和人口状态相同的条件下，旅游者之间存在着截然不同的消费习惯和特点，这往往是由旅游者不同消费心理的差异所导致的。根据旅游者生活方式、个性、所处的社会阶层等心理因素细分市场就叫心理细分。

（1）生活方式

生活方式是人们对于消费、工作和娱乐的特定习惯。由于人们的生活方式不同，旅游消费倾向及需求也不一样。例如，有的追求新潮、时髦，有的追求恬静、简朴；有的追求刺激、冒险，有的追求稳定、安逸。不同生活方式的旅游者对旅游产品有着不同的需求。在旅游市场营销实践中，旅游企业可以运用旅游者的生活方式来细分旅游市场，并按照生活方式不同的消费群体来制定不同的市场营销组合。例如，乡村民宿旅游者的生活方式包括“享受生活”“逃避生活”“家庭旅游”“社交联谊”“周末旅游”以及“自我发展”六种特征，因此，乡村民宿旅游企业可以开发“自然家庭型”“发展享受型”“周末家庭型”以及“社交享受型”这样四类乡村旅游产品。

（2）个性

个性是指一个人比较稳定的心理倾向与心理特征，它会导致一个人对其所处环境做出相对一致和持续不断的反应。每个人的个性都会通过自信、自主、支配、顺从、保守、适应等性格特征表现出来。因此，个性可以按这些性格特征进行分类，从而为企业细分市场提供依据。不同的个性使旅游者产生不同类型的购买动机，有的追求新颖，有的追求实用；有的对质量要求很高，有的则只追求物美价廉。旅游企业要根据自身的情况确定目标市场，进行产品定位和营销活动。例如，针对爱冒险的一类人群，可开发刺激性、探险性的旅游项目。

（3）社会阶层

社会阶层是指在某一社会中具有相对同质性和持久性的群体。处于同一阶层的成员具有类似的价值观、兴趣爱好和行为方式，不同阶层的成员则在上述方面存在较大的差异。很显然，识别不同社会阶层的旅游者所具有的不同特点，对于很多旅游产品的市场细分将提供重要的依据。

4. 行为细分

在商品经济快速发展的阶段和广大旅游者收入水平提高的条件下，行为因素这一细分标准越来越显示其重要地位。行为细分依据旅游购买者行为的分类和差别，可以从购买习惯、利益特点、旅游者状况、旅游产品使用数量、对产品的认知情况和品牌忠诚度等具体标准出发，将总体市场逐一分解。

（1）购买习惯

即使在地理环境、人口状态等条件相同的情况下，由于购买习惯不同，仍可以细分出不同的消费群体。例如，按照购买时间习惯标准划分，就是根据旅游者产生需要购买或使用旅游产品的时间来细分市场的。

（2）利益特点

旅游者购买旅游产品所要寻找的利益往往是各有侧重的，据此可以对同一市场进行细分。一般地说，运用利益细分法，首先必须了解旅游者购买某种产品所寻找的主要利益是什么；其次要了解寻求某种利益的旅游者是哪些人；最后要调研市场上的竞争品牌各满足哪些利益，以及哪些利益还没有得到满足。通过上述分析，企业能更明确市场竞争格局，挖掘新的市场机会。

（3）用户状况

旅游市场可被细分为旅游产品的非用户、以前的用户、潜在的用户、初次用户和经常性用户等，对各种不同类型的用户应采取不同的营销策略。通过用户状况细分，旅游企业可以了解用户的状况和状况形成的原因，从而决定所采取的策略。

（4）旅游产品使用数量

按照旅游者购买某一旅游产品的数量大小细分市场，通常可将旅游者分为大量使用者、中度使用者和轻度使用者。大量使用者人数可能并不是很多，但他们的消费量在全部消费量中占很大的比重。很显然，吸引这类旅游者继续购买是旅游企业工作的重点之一。

（5）对旅游产品的认知情况

旅游者对各种旅游产品的了解程度往往因人而异。有的旅游者可能对某一产品确有需要，但并不知道该产品的存在；有的旅游者虽已知道产品的存在，但对产品的价值、路线等还存在疑虑；另外一些旅游者则可能正在考虑购买。针对处于不同购买阶段的消费群体，企业可进行市场细分并采用不同的营销策略。

（6）品牌忠诚度

每种旅游产品或服务可以按忠诚度把旅游者分为四类：专一的品牌忠诚者、动摇的品牌忠诚者、转移的品牌忠诚者和犹豫不决者。旅游企业通过对旅游者的忠诚度进行研究，可以发现企业在营销过程中存在的问题，便于及时采取相应的对策，提升顾客的忠诚度，扩大市场占有率。例如，采用会员制、俱乐部等客户管理系统，提供个性化和超值的服务，以增强客源的稳定性。

行为细分标准比其他细分标准要复杂得多，而且也难以掌握。行为细分是一种较深入的细分方法，将它与心理细分结合起来，分析效果更好。

知识链接

基于国家旅游经济运行监测与预警数据以及途牛旅游网客户预订数据，途牛旅游网对外发布了《中国在线出境游用户消费行为分析研究报告（2017年修订版）》，对2017年全年出境旅游消费者的行为特点、目的地典型特征等进行了分析：从出发地城市维度，上海依旧位居出境旅游客源地头把交椅，同时中西部消费者出游意愿进一步上升；泰国依旧是当之无愧的“网红”目的地，同时，旅游者愈发青睐出境长线游，在“越走越远”的趋势下，南极游人次同比增长六倍。旅游者碎片化旅游趋势明显，潜水、旅拍、美食等当地玩乐项目人气火爆。

1.29 亿人次出境游　规模超过日本人口总数

2017 年，在人均收入持续增长、旅游外交精彩纷呈、“一带一路”倡议助力以及签证、航班便利性提升等诸多因素的影响下，我国出境旅游市场热度依旧，出境游人次规模超过日本人口总数。2018 年全国旅游工作会议公布的数据显示：2017 年出境旅游市场为 1.29 亿人次，比 2016 年的 1.22 亿人次增长了 5.7%，中国连续多年保持世界第一大出境旅游客源国地位。

“90 后”成出境旅游消费生力军　中西部消费者出游意愿上升显著

在出境游人次逐年提升的情况下，出境游主力军构成又有哪些变化？从年龄段角度来说，在“00 后”开始步入 18 岁的当下，对世界充满好奇与探索欲的“90 后”已然成为出境旅游消费生力军。途牛旅游网监测数据显示：2017 年，“90 后”出境游人次占总出境游人次的比例为 30%，比 2016 年提升了四个百分点。当然，“80 后”依旧是出境游的主力，占比达到 38%。此外，时间充裕、财力充足的“银发族”也是出境旅游市场不容忽视的消费群体。

同时，随着三四线及中西部城市国际航班、签证中心设置的密度加大，消费者爆发出了强大的出境旅游消费潜力。

极地游人次同比增长六倍　特色主题目的地受青睐

旅游者对极地旅游不再陌生，2017 年选择通过途牛旅游网预订前往南北极旅游的旅游者人次同比增长了六倍，旅游者主要来自上海、北京、南京、苏州、天津、济南、呼和浩特、温州、广州、重庆等城市。

在旅游消费升级趋势下，2017 年，定制游、主题游市场发展迅猛，其背后代表的是消费者各类细分旅游产品需求旺盛。

只为“玩得更好”　半自助游及当地玩乐项目受追捧

途牛旅游网监测数据显示，2017 年选择出境自由行的人次相比 2016 年稳步增长，这与“90 后”成为旅游市场消费新势力及旅游消费升级趋势有密切关系，旅游者们越来越希望通过体验当地人的生活方式来探索新世界。

2017 年旅游者在享乐、体验主题方面的消费越来越明显，主要体现在潜水、旅拍、美食等在内的当地玩乐项目受到越来越多旅游者的青睐，尤其在泰国、日本、越南等出境游目的地，这些类型的当地玩乐项目人气特别旺盛。

第二节　旅游目标市场选择与市场定位

旅游企业一旦确定了市场机会，就必须评价各细分市场和决定为多少个细分市场服务，即为多少个目标市场服务。目标市场是指企业在细分市场的基础上，根据自身条件，为实现企业经营目标，决定进入的特定细分市场。

市场细分与选择目标市场既有联系，又有区别：市场细分是按一定的标准划分不同消费群体的过程，而选择目标市场则是根据自身条件选择细分市场作为营销对象的过程。企业选择的目标市场可以是一个，也可以是多个，但必须确定不同的优先次序。市场细分是选择目标市场的前提和基础，选择目标市场则是市场细分的目的和归宿。

一、旅游目标市场选择

旅游目标市场选择，是指旅游企业在市场细分的基础上，根据市场潜量、竞争对手状况、企业自身特点选定要进入的市场。由于目标市场策略选择的多样性和企业情况的复杂性，决定了旅游企业在具体选择目标市场策略时，要通盘考虑、权衡利弊，才能做出最佳选择。

1．影响旅游目标市场选择的因素

一般来说，旅游企业选择目标市场时，必须考虑以下因素。

（1）细分市场的规模和发展

细分市场是否具备适度的规模是旅游企业要考虑的首要问题。因为旅游企业开发一个新的市场，要付出较高的广告宣传等费用，如果市场规模过小，企业进入后得不偿失，无利可图，这样的子市场就没有开发价值。大型企业一般重视销售量大的细分市场，小型企业则应避免进入规模较大的细分市场。

市场的规模应从动态的角度来看待，细分市场的发展前景同样要关注。在分析潜在市场的获利能力时，可以从四项指标来考虑：市场潜力（一定时期内某一市场对某一产品的购买量的乐观估计）、销售潜力（一定时期内企业产品销售量在市场潜力中所占份额的乐观估计）、销售预测（一定时期内企业销售量的预测）和利润预测（一定时间内预计的收入与成本之间的差额）。

案例思考

庞大的老年游市场刺激旅游企业转型

近几年来，面对中国庞大的老年游市场，多家在线旅行网站已经悄悄布局。携程旅行网推出了升级版“爸妈放心游”品牌。据介绍，这是在线旅游行业首个针对中老年人的跟团游品牌。而途牛旅游网的“乐开花爸妈游”也推出了大量中老年旅游产品。驴妈妈旅游则策划了一些专门针对老年旅游者的“夕阳红”系列跟团游产品。不过，最高调的当属同程旅游，该公司继 2016 年 9 月宣布成立老年游品牌“百旅会”后，12 月 21 日又公布了 2017 年战略，宣布“从经营产品到经营用户”的战略转型，并对“百旅会”进行全面升级。

思考：为什么上述在线旅游企业纷纷推出老年旅游产品?

分析：细分市场是否具备适度的规模是旅游企业要考虑的首要问题。老年游市场急剧增加的规模，让旅游企业看到了市场潜力、销售潜力以及隐藏其后的庞大利益。

（2）细分市场的竞争状况

营销计划不能只考虑需求和获利能力，市场中竞争者的类型和数量也是必须考虑的因素。竞争是不可避免的，所以获利潜力在一定程度上也依赖于对竞争者的优势和劣势的分析。在评价细分市场的竞争状况时，营销人员必须向自己提这样几个问题：“谁是主要竞争者？主要竞争者的战略弱点是什么？主要竞争者的营销设计上最易受到攻击的点在哪里？”例如，在线旅游市场上，既有以携程旅行网等为代表的一站式服务的综合在线旅行网站，又有以去哪儿网等为代表的媒体平台型网站，还有以途牛旅游网等为代表的垂直领域在线旅行网站以及移动 App，这几种商业网站各有优缺点，盈利模式也各不相同。

关于竞争者的类型，可以参考“五种竞争力量分析法”。五种竞争力量分别为：现有行业内的竞争者、新进入者、替代品、供应商和顾客。第一种竞争力量说明每一行业的经营受行业内部竞争的影响很大；第二种竞争力量指出尽管行业内的企业树立了很多阻止进入的障碍，仍然有着新竞争者入侵的危险；第三种竞争力量是替代品的可获得性和适用性，也说明了产品的需求是有弹性的；第四、第五种竞争力量分别来自强有力的供应商和顾客讨价还价的能力。

（3）企业经营目标和资源状况

即使细分市场的获利能力不错，行业内外的五种竞争力量也不强，旅游企业仍必须优先考虑其目标及资源与细分市场的相关性。有些细分市场虽有吸引力，但因无法与旅游企业长期目标相契合，为防止其将企业的注意力和精力引离企业目标，应该迅速放弃。

如果细分市场符合企业目标，旅游企业要赢得该细分市场，仅拥有必备力量是不够的，还应看自己是否具有占领该细分市场的条件，即必须拥有优于竞争者的技术和资源。总之，旅游企业要在提供的价值及拥有的优势超过竞争者的前提下，具备一定的竞争能力，才能赢得占领市场的机会，从而进入此细分市场。

案例思考

三亚的“陪游”市场

近年来，海南省三亚市出现了这样一群人：他们专为旅游者，特别是户外运动爱好者——“驴友”们提供信息，并设计出特别的旅游路线，全程陪伴旅游者游览，让旅游者品味到了另一种“味道”的三亚。据调查，三亚市目前从事陪游的人员约有20人，而三亚市的整个“陪游”旅游客源一年约有3万人。

思考：为什么三亚旅游市场上的“陪游”旅游客源量这么多？

分析：三亚旅游市场上，“陪游”的产品设计相对来说比较新颖，价格上又比较优惠，这必定会受到年轻旅游者的青睐。“陪游”是旅游市场分工的结果，旅游市场发展到一定的阶段，会出现个性旅游、探险游、自助游等形式，旅游者的需求也更加细化，这就必然会催生“陪游”这一行业，进而形成庞大的客源。

2．旅游企业目标市场策略

旅游企业目标市场策略是旅游企业经过充分的比较分析后，发现利于企业发展的市场机会和不利于企业发展的市场威胁后选择目标市场的策略和方法。企业一般可用的目标市场策略有以下三种。

（1）无差异目标市场策略

无差异目标市场策略，是指旅游企业把整个旅游市场视为一个大的目标市场，只考虑旅游者在需求方面的共同点，而不管他们之间是否存在差别，旅游企业仅推出一种产品，单一的营销组合就能满足整个旅游市场的需求。对于那些垄断性强，具有独一无二的自然和人文旅游资源的景区就可以采取此策略。例如，北京的长城、西安的秦始皇陵等就使用一种产品一种价格以及一种营销组合来进行旅游推广。

这种策略的优点在于它可以大规模销售，简化分销渠道，相应地节省市场调研和广告宣传的经费开支，使平均成本降低，最终减少旅游企业的经营成本和营销费用。另外，垄断性强、吸引力大的旅游产品更容易形成名牌效应。这种策略的缺点在于它不能完全满足旅游者的差异性需求。随着旅游者的经济情况、生活方式以及个人兴趣的不断变化，对旅游产品多样化的需求日益增长，单一的市场策略不容易吸引旅游者。

无差异目标市场策略主要适用于供不应求的旅游市场或者是垄断性旅游市场等。随着旅游需求的多元化和旅游竞争的加剧，“一招鲜，吃遍天”的时代已经过去了，无差异目标市场策略已经不适应激烈竞争的旅游业，这种策略使用的机会越来越少。

（2）差异性目标市场策略

差异性目标市场策略，是指旅游企业从不同细分市场的差异性需求出发，针对各个不同细分市场的特点，分别推出不同的旅游产品，采用不同的营销组合方案，以满足不同旅游者的需求。例如，把饭店市场分为观光、度假、会议、商务等不同的细分市场，饭店针对不同市场的需求，设计提供各种不同的服务设施和服务项目。

这种策略的优点在于它能更好地满足各类旅游者的不同需求，有利于提高旅游产品的竞争力和旅游企业的销售额。如果一个旅游企业能够同时在几个细分市场上占有优势，就会由于连锁效应，形成旅游者信赖的品牌形象；同时，选择几个细分市场，还有助于降低旅游企业的经营风险。这种策略的缺点在于增加了经营成本和宣传费用；企业要分散精力到不同的细分市场，会影响旅游企业的经营优势，也会降低企业的经营效率。

差异性目标市场策略主要适用于有一定规模，人力、物力、财力较雄厚的旅游企业，有竞争激烈的市场，同时企业有较好的产品设计和开发能力。

（3）集中性目标市场策略

集中性目标市场策略，是指旅游企业在市场细分的基础上，选择一个或几个细分市场作为自己的目标市场，集中企业的全部优势，以某几种营销组合手段服务于该市场，实行高度的专业化经营。例如，有的旅行社专门为探险旅游、文化旅游等特色旅游服务。

这种策略的优点在于能充分发挥旅游企业的优势，使企业在特定市场上具有很强的竞争力。由于企业经营范围针对性强，容易形成产品与经营特色，因此有利于扩大企业在特定细分市场上的知名度以及由此带来的销售额的增加。这种策略的缺点在于企业过分依赖小部分市场，具有较大的风险性，由于市场面窄，一旦需求发生变化，企业就会出现危机。

集中性目标市场策略主要适用于资源能力有限的中小型旅游企业以及旅游资源独特的旅游目的地。它们在较大的市场上难以取得竞争优势，因而力图在较小的市场范围内取得较高的市场占有率。

以上三种策略各有其优缺点，企业在选择自己的经营策略时必须考虑自身的条件、产品和服务的特点以及市场的情况，加以权衡，慎重行事。

二、旅游市场定位

1. 市场定位的内涵

所谓市场定位，就是根据所选定目标市场的竞争者现有产品所处的位置和企业自身的条件，从各方面为企业和产品创造一定的特点，塑造一定的市场形象，以求在目标顾客心目中形成一种特殊的偏好，留下一个最佳位置。简单地说，市场细分是让企业找准自己的顾客，而市场定位是让企业赢得顾客的“芳心”。

市场定位的过程就是企业差别化的过程，具体表现在如何寻找差别、识别差别和显示差别。当今社会，旅游业的竞争逐渐加剧，如何在众多旅游产品中获得旅游者的青睐，很大程度上取决于旅游企业市场定位的准确与否。旅游企业进行市场定位的依据很多，包括产品属性、特色、价格以及目标顾客群的个性和类型等。

2．旅游市场定位的具体步骤

旅游市场定位有一定的程序性步骤可供遵循，该步骤主要包括三步：识别→发挥→传播。

（1）识别竞争优势

竞争优势包括现实的和潜在的。分析自身及竞争者所销售的产品，明确自身产品的差异性是定位的良好起点。营销人员要自问：“企业产品有何差异性？此差异是否比竞争产品更佳？企业产品的优越性、创新性或数量（顾客数、销售量、渠道数等）是否与竞争产品有差异？”通过分析，旅游企业可以找到自身的优势所在。

（2）准确发挥竞争优势

旅游企业的竞争优势要与目标市场的需求相配合，这样才能成为真正的优势。因此，在发挥竞争优势时首先要考虑目标市场的需求，在此基础上，运用一定的方法对本企业旅游产品的竞争优势进行评估，从而准确发挥产品的主要竞争优势。

（3）有效准确地向市场传递定位信息

确定了竞争优势后，企业接下来的工作就是把自身的优势展现给旅游者，以吸引旅游者购买。向市场传递企业的定位信息，树立本企业的独特产品形象，是旅游企业市场营销中一个重要的环节。这个阶段需要强有力的广告宣传，还需要根据旅游产品的特点，通过各种营销组合因素，如价格、服务等的全方位配合，以取得最好的效果。

3．旅游市场定位的方法

（1）根据产品的特点进行定位

这是最为常见的一种定位方法，即根据企业产品的某些特点，或是根据目标消费者所看重的某种或某些利益进行定位。例如，对于一家饭店来说，其特点或为旅游者提供的利益点可以是建筑风格、坐落位置、服务项目、客房装饰等或这些方面的组合。

（2）根据价格—质量的关系进行定位

根据产品的档次将产品的价格作为反映其质量的标志。例如，对于一个提供全方位服务的高档饭店来说，为自己的产品定高价本身就是暗示消费者可以在这里得到周到的、高等级的服务。

（3）根据产品的用途进行定位

尤其是指根据产品的某种特殊用途进行定位。例如，一个饭店拥有充足的会展场地和健全的会议设施，则可以围绕这些场地和设施进行市场定位。

（4）根据产品的类型进行定位

这一方法是指旅游企业通过变换自己产品类别的归属进行定位。例如，有些度假饭店可以不必将自己定位为饭店，而是定位为温泉疗养中心之类的场所，从而扩大或控制自己的目标市场范围。

（5）根据旅游者的类型进行定位

根据旅游者的不同类型来确定旅游产品在他们心目中的位置，可以让旅游者对旅游产品产生一种独特的感觉。

（6）根据与竞争者的关系进行定位

通过使用竞争者作为参考点来区别产品。既然消费者头脑中已经存在竞争品牌的各种定位，那么不妨把自己的产品定位在与竞争者的关系上。例如，美国的安飞士汽车租赁公司以“我们是第二，但我们更努力”的定位而大获成功。

市场是不断变化的，因此，旅游企业必须时刻关注市场的变化，以便及时调整自己的市场定位。

案例思考

广东省某旅行社推出修学旅行项目

广东省的在校学生人数居于全国前列，适合修学旅行的旅游资源丰富。广东省某旅行社看到了这个商机，决定将目标市场定为学生市场，突出修学旅行项目。尝试推出：以“中国近代史”“伟人孙中山”“黄埔军校”等为题材的历史教育修学线路，以粤北、粤西自然风光为内容的生态环保修学线路，以广东民间文化艺术为题材的地方文化修学线路，以学工、学农、军训等为内容的社会实践修学产品等。

思考：结合案例，谈谈该旅行社是如何开发修学旅游市场的。

分析：该旅行社在选择目标市场时，针对细分市场的特点来进行，保证了目标市场营销的可行性。市场中的营销工作切实可行、方便开展，能够高效率地完成销售任务，这样的目标市场才是好的选择。

4．旅游市场定位的策略

不同的旅游企业有不同的定位策略，企业要了解自己和竞争对手在目标市场上所处的位置，然后根据自身的情况，确定自己的产品或服务在目标市场上的位置以及企业在消费者心目中的形象。一般来说，旅游企业多采用以下四种定位方式进行产品或服务促销和形象推广。

（1）特色定位

特色定位是指通过突出旅游企业、产品和品牌的特色，强调其独特之处，力图给旅游者造成强烈的感知冲击，从而达到吸引旅游者的目的。

旅游目的地形象定位对于旅游企业进行特色定位有一定的借鉴作用，每一个目的地应该有属于它自己的特色，这种特色可以来自任何领域，只要具有独一无二的属性和足够的影响力即可，如被誉为“购物天堂”的香港、“童话世界”的九寨沟、“风花雪月、逍遥天下”的大理等，体现的就是目的地特色资源以及与市场独特利益的结合，都收到了很好的市场营销效果。

（2）对抗定位

对抗定位是指旅游企业采用与目标市场上处于领导地位的竞争对手同样的市场定位，通过直接挑战吸引市场的关注，在市场上取得有利位置的定位策略。

对抗定位的目的不仅在于战胜和取代竞争对手，而且在于借助强者的声誉和影响力快速提升本企业的市场知名度，变压力为动力，促进竞争双方共同发展，强调并宣传定位对象是在旅游者心目中位居第一位的某类旅游形象的对立面和相反面，同时力争开辟一个旅游者易于接受的新形象阶梯。例如，“野生动物世界”的形象定位即是站在普通笼式动物园的反向形象阶梯上的定位，这种定位策略谋求的是挑战竞争对手、否定竞争对手，以此凸显自身的竞争性定位。

（3）避强定位

避强定位是指避开直接的、强劲的竞争对手已确立的优势定位，寻找市场中未被满足的需求，结合旅游企业自身的优势进行定位的策略。旅游企业对企业自身、竞争者的情况和消费者需求进行分析后，如果发现目标市场还有未被满足的市场空白点，而强大的竞争对手不愿意去开发，企业自身又有能力去满足这部分消费者的需要，就可以采取避强定位策略，树立与众不同、从未有过的市场形象。

美国 20 世纪 60 年代的经济型饭店——汽车旅馆成功的产品市场定位，对我国目前的旅游行业仍然具有十分现实的指导意义。这种旅馆对大众旅行提供了满足其基本需求又可以节省开支的选择。它没有会议室、宴会厅以及项目繁多的娱乐休闲设施，仅提供卫生、舒适、价格低廉的客房，这对于路过、只求得到很好休息的消费者来说是极具吸引力的。我国许多中小型饭店在面临大饭店和饭店集团的竞争压力时，往往采取追加投资，对产品更新改造，求高档次，求项目全，并以此作为竞争的本钱。这样做将对本已有限的资源造成更大的压力甚至是浪费。实际上，我国的国内旅游正在兴起，国内旅游者是一个巨大的市场，他们中的一部分人要求饭店提供与他们经济能力相适应的产品，这样的需求是一些高星级饭店所忽略的，而这正好是中小型饭店的市场机会，在这样的市场中将大有可为。

（4）重新定位

旅游产品和其他产品一样，都有生命周期。由于市场现状的变化、旅游需求的变化，需要重新进行市场定位，使企业获得更大更新的市场活力。例如，格林纳达是一个非常适宜旅游的国家，但因为最初将自己定位为“盛产香料的小岛”，导致前来旅游的人非常少，后来经调研重新定位为“加勒比海的原貌”，这一定位为该国引来了大量的旅游者，从而使该国原本高达 30% 的失业率变成了零。

思考与练习

1．什么是旅游市场细分？

2．旅游目标市场的作用是什么？

3．影响旅游目标市场选择的因素有哪些？

4．什么是市场定位？旅游市场定位的策略有哪些？

第四章

chapter 4

旅游产品策略

产品、价格、渠道、促销是市场营销组合策略中的四大要素，也是旅游市场营销学研究的几个主要问题。旅游产品是旅游市场营销组合的一个重要因素，它是作为旅游活动主体的旅游者所消费的价值和追求利益的总和，是旅游企业所关注的焦点。在旅游市场营销组合中，首要的问题就是旅游企业以什么样的旅游产品来满足目标市场的需求。旅游产品策略作为旅游企业市场营销组合战略的基石，直接决定着旅游产品价格策略、旅游分销策略、旅游促销策略的制定和旅游企业市场营销的成败。

学习目标

- 掌握旅游产品的概念
- 掌握旅游产品的组合策略
- 掌握旅游产品生命周期规律
- 掌握旅游新产品的开发策略

案例导读

改变单一观光模式，开发创意旅游产品

来南京旅游，不少人会去南京的一些博物馆看看，但大多数只是观光而已。针对这一现象，市政协林委员建议，改变博物馆单一观光模式，开发创意旅游产品，实现社会效益和经济效益的双赢。

林委员通过调研发现，目前南京市共有各类博物馆近百座，市民平均每9万人就拥有一座博物馆，已经达到了世界中等发达国家的水平，大大高于全国每40万人拥有一座博物馆的平均值。同时，南京的博物馆种类齐全，已初步形成了一张类型齐全的“博物馆网”。但遗憾的是，由于长期以来的非营利色彩，大多数博物馆在旅游运营上缺乏创新。在南京的旅行社及饭店里，很少见到博物馆发放的宣传画和精美纪念册。单一观光模式也使得旅游者停留时间较短，博物馆旅游本应产生的经济和社会效益不能得到最大体现。

对此，林委员建议，南京应打造精品博物馆旅游游览线路。具体措施包括：通过与南京现有景区资源的联合，开发南京博物馆的度假、休闲、修学以及商务游产品等；打造富有南京特色的博物馆旅游产品系列，推出如名人故居游、艺术精品游、特色博物馆游、南京史迹游等旅游线路，形成完整的博物馆旅游产品体系。还可以开发博物馆旅游商品拉动旅游消费，如博物馆的许多藏品都可以通过复制的方式来进行销售。

思考：林委员的建议是否合理？为什么？

案例扩展阅读 ------>

第一节　旅游产品及组合策略

一、旅游产品的概念

什么是旅游产品，从不同的角度去理解会得出不同的结论。从旅游企业（生产者）的角度来看，所谓旅游产品，是指能提供给旅游市场，用于满足旅游者需求的任何吸引物，包括提供旅游服务的载体、旅游服务和旅游活动场所。由此可见，任何一次对目的地的旅游活动都是由多种要素组合而成的，包括交通、住宿、景点和其他服务设施等。从旅游者（消费者）的角度来看，旅游产品是以目的地活动为基础的有形和无形要素的组合。这一组合，对于旅游者来说，就是可以用一定价格购买的一种经历。

1．旅游产品的要素

（1）目的地景观和环境

目的地景观和环境包括自然景物、人造景物、社会文化吸引物等要素，如山川、湖泊、文物、古迹、特产、佳肴等，它们在很大程度上影响着旅游者的选择。

（2）目的地设施和服务

目的地设施和服务包括住宿设施、餐饮设施、目的地交通设施及其他相关旅游服务设施，它们保证旅游者的旅游活动得以进行。

（3）目的地的可进入性

目的地的可进入性由旅游者进入目的地的费用、速度和便捷程度，涉及从客源地到目的地的交通（公路、航空、铁路、水路）的通达性以及通信系统的有效性、进入手续的繁简程度和当地的旅游接待能力等决定。

（4）目的地的旅游形象

目的地的旅游形象左右着人们的旅游动机，对旅游产品的生存与发展起着至关重要的作用。例如，"青岛大虾"事件的发生，给青岛已塑造起来的"好客山东"旅游形象蒙上了阴影，旅游者数量短期内大幅下降。

（5）提供给旅游者的价格

提供给旅游者的价格是旅游企业提供旅游、住宿和景点参观等一系列服务的费用总和，不同的价格反映服务的不同等级。

2．旅游产品的层次

旅游产品的概念包括旅游核心产品、旅游形式产品和旅游附加产品三个层次。

（1）旅游核心产品

旅游核心产品是指旅游者购买某种旅游产品时所追求的利益，是旅游者真正要买的东西，在旅游产品概念中是最基本、最主要的部分。旅游吸引力和旅游服务是最典型的旅游核心产品。消费者购买某种旅游产品，并不是为了占有或获得该产品本身，而是为了获得能满足某种需要的效用。

（2）旅游形式产品

旅游形式产品是指向旅游者提供的实体和服务的外观。它具体说明了在一定的时间内以一定的价格所提供的产品。例如，为旅游者创造游览价值的旅游资源、为旅游者提供的食宿和交通等。

（3）旅游附加产品

旅游附加产品是指旅游者购买核心产品时所获得的全部附加服务和利益。旅游产品中的附加产品包括能为旅游者带来附加价值的要素，通常通过由基本产品延伸的服务体现出来，包括各种优惠条件、付款条件，免费的信息服务、预订服务，保险服务，全程陪同的导游服务等。旅游产品作为一种组合产品，其附加产品部分的特征往往决定其客源市场，是旅游企业使自己的产品区别于竞争对手产品的重要手段。

3．旅游产品的分类

根据世界旅游组织的产品分类方案，旅游产品可分为观光旅游产品、度假旅游产品和主题旅游产品三大类。

这种基础分类有助于快速辨别旅游产品，但不利于旅游市场细分和消费者需求分析等更具体的操作，所以需对旅游产品进行细化分类，具体见表 4—1。

表 4—1　旅游产品的细化分类

类别	产品
观光旅游产品	自然观光旅游
	人文观光旅游
度假旅游产品	海滨度假旅游
	乡村度假旅游
	森林度假旅游
	野营度假旅游
	城市度假旅游
	温泉度假旅游
	湖滨度假旅游
康体休闲产品	体育旅游
	保健旅游
	生态旅游
	娱乐休闲旅游
商务旅游产品	会议旅游
	奖励旅游
	大型商务活动旅游
文化旅游产品	修学旅游
	民俗旅游
	艺术欣赏旅游
	宗教旅游
	怀旧旅游
主题旅游产品	登山、潜水、考古、运动、探险、科考旅游
特色旅游产品	享受型旅游
	刺激型旅游

二、旅游产品组合

旅游产品形态不一、内容多样，旅游企业应通过对旅游产品系列和旅游产品项目组合状况的设计与调整，使旅游产品的结构更为合理科学，从而更好地适应市场的需求。

1. 旅游产品组合的内涵

旅游产品组合是指旅游经营者根据经营目标、资源条件、市场需求和竞争状况，对旅游产品线的广度、深度和关联度进行组合的过程。

（1）旅游产品线

旅游产品线是指在产品的功能、性质和价格等方面具有一定的相似性，能满足同一类旅游需求的一系列旅游产品。例如，一家商务型饭店主要接待商务客人，则商务旅游住宿产品就是它的一条产品线。这些产品无论是豪华型还是经济型，无论是单人间还是双人间，都属于住宿产品，都具备住宿产品所特有的一些性质，都是为了满足旅游者住宿方面的需求，所以属于同一条产品线。但饭店一般不仅提供住宿服务，它们往往还提供餐饮、娱乐、健身、会议等服务，因此，可以说这家饭店同时经营多条产品线。

（2）旅游产品线的广度、深度和关联度

1）旅游产品线的广度。旅游产品线的广度是指同一家旅游企业所经营的产品线的数量。例如，一家旅行社如果同时经营观光旅游、度假旅游、会议旅游、修学旅游等旅游产品，则该旅行社的产品线就比较广；反之，一家旅行社只经营国际观光旅游，则该旅行社就只有一条产品线，产品线的广度就比较窄。较广的旅游产品线有利于旅游企业充分利用自己的人力、物力、财力等资源，拓展市场面，增强应变能力，降低经营风险。较窄的旅游产品线有利于旅游企业集中力量提高专业化水平，降低经营成本。

2）旅游产品线的深度。旅游产品线的深度是指同一条产品线所包含的产品种类的多少。例如，一家旅行社的观光旅游产品线中包含民俗文化游、历史古迹游、自然风光游、都市观光游等产品种类，则该产品线的深度比较深；反之，此产品线只包含自然风光游，则该产品线的深度比较浅。较深的旅游产品线有利于旅游企业在市场细分的基础上满足不同旅游者的消费需求，实现市场渗透，增大市场份额。较浅的旅游产品线则有利于旅游企业集中力量发挥专长，创立品牌，增加销售量，实现规模效益。

3）旅游产品线的关联度。各旅游产品线在生产条件、销售渠道等方面可能存在一定联系，也可能互不相干。产品线之间相互关联的程度称为产品线的关联度。例如，旅游企业在度假旅游产品中提供健身和运动设施，则该度假旅游产品与体育旅游产品之间存在一定的关联度。有些大型的旅游集团可能同时涉足多种行业，其产品线之间的关联度就会较低。一般来说，增加产品线之间的关联度有利于企业充分发挥潜力，降低经营风险。

2. 旅游产品组合策略

常见的旅游产品组合策略有以下几种。

（1）广深结合策略

广深结合策略是指旅游企业同时经营多条产品线，产品线的宽度较宽，在每一条产品线中又增加产品的种类，即产品线的深度也较深。例如，有些饭店既经营住宿业务，又经营餐饮和旅游景点。这种策略的优点在于有利于旅游企业满足不同市场的需求，分散经营风险。这种策略的缺点在于经营成本较高，且容易造成资源的过度分散，难以实现规模经营，还可能导致企业品牌形象不清晰。

（2）市场专攻策略

市场专攻策略是指旅游企业面向同一市场提供不同产品，以满足其多样化和超细分化的需求。例如，青年学生旅馆只为青年学生市场提供不同种类的住宿产品，包括单人间、双人间和多人间；某旅行社专门为欧洲市场的旅游者提供不同种类的旅游产品，包括观光旅游、度假旅游、会议旅游和修学旅游等。实施这一策略有利于旅游企业集中力量了解某一目标市场的需求特征，开发满足这些需求的多样化、多层次的旅游产品，也有利于市场渗透。但由于目标市场单一，客观上限制了企业规模的不断扩大，而且，如果此市场出现大的变动，则企业承担的经营风险较大。

知识链接

国际青年旅舍

1912年，世界上第一家青年旅舍在德国一个废弃的古堡——阿尔特纳中诞生，它奠定了青年旅舍的基本结构，即以“安全、经济、卫生、隐私、环保”为特点，使青年旅舍受到了青年人的广泛欢迎。仅一年后，青年旅舍即达到83家。

1932年10月20日国际青年旅舍联盟在阿姆斯特丹成立。目前联盟共有60多个成员国及20余个附属成员，共有青年旅舍4 000多家，床位数达到35万个，有国际会员超过400万人，世界上约有1 000万名青年在使用，已成为当今世界上最大的住宿连锁组织。

青年旅舍向人们提供的不仅仅是一条干净的床单，其宗旨在于提高对世界各国青年的教育，鼓励他们更多地了解、热爱和关心郊野，欣赏世界各地的城市和乡村的文化。另外，青年旅舍提供了没有种族、国籍、肤色、阶层或政见区别的环境，促进青年对本国和国外更深地了解。同时向青年展示是一种健康、回归自然的生活方式：每晚与来自四面八方的青年联欢、交流；每天清晨清理“旅舍杂务”；在当地考察，自己动手打理生活；不使用一次性用具；戒烟、戒酒。在青年旅舍生活、睡觉、吃饭使得住客们必须考虑他人的需要，并爱护旅舍的公共财物。这种生活方式有利于改善城市青年人的心理和生理健康水平，并教给他们朴素、自律和关心他人的美德。

（3）产品专攻策略

产品专攻策略是指旅游企业专门经营某一类型的产品来满足不同市场的同一类需要，如某一旅行社只经营修学旅游，将其推向美国市场、欧洲市场、日本市场和东南亚市场。产品专攻策略因为产品品种单一，所以经营成本较低，有利于对产品进行深度开发，也有利于企业树立鲜明的品牌形象。但是经营风险较大，一旦这种产品受市场波动影响而滞销，可能导致企业的经营难以维持。

三、旅游品牌策略

1．品牌的含义

品牌是指用以识别一个（或一群）卖主的商品或劳务的名称、术语、符号（记号）、象征或设计、组合，并用来将卖主和其他竞争者区分开。品牌包括品牌名称和品牌标志，所有品牌名称和品牌标志都是品牌或品牌的一部分。

品牌名称是指品牌中可以用语言称呼的部分。例如，假日酒店、香格里拉酒店、北京“胡同游”都是著名的旅游品牌名称。

品牌标志是指品牌中可以被认出但不能用言语称呼的部分，如符号、设计、与众不同的色彩或字体，如图4—1所示的香格里拉酒店集团标志。

图4—1　香格里拉酒店集团标志

企业在政府有关主管部门注册登记以后，就享有使用某个品牌名称和品牌标志的专用权，这个品牌名称和品牌标志受到法律保护，其他任何企业都不得仿效使用。因此，商标是指已获得专用权并受法律保护的一个品牌或一个品牌的一部分。在旅游产品中，尽管旅游企业在宣传中大量使用促销性产品概念，但由于服务产品的无形性、无权性，以及对公共资源的高度依赖，因此，在法律上一般注册的都是企业名称，而不像有形产品那样注册的是具体产品的名称。

品牌在市场上起到了非常重要的作用。在旅游市场营销中，旅游企业的品牌是形成服务特色、取得竞争优势的重要手段，也是旅游企业产品策略的主要组成部分。

2．品牌策略的类型

成功的营销不是建立庞大的营销网络，而是利用品牌把无形的营销网络铺建到社会公众心里，把产品概念输入到消费者心里，使消费者选择时认可这个产品。品牌营销即通过市场营销使客户形成对企业品牌和产品的认知过程。

品牌策略是企业整个产品管理的一个主要方面。企业给自己的产品起个适当的名字，正确设计品牌，向政府有关主管部门申请注册品牌，这些活动都可以增加产品的价值。尤其对于以旅游经历为核心的旅游产品来说，因其无法像有形产品那样，可以通过提供样品使消费者事先感受，因此，品牌所具有的诱导性更具有十分重要的作用。例如，在全球分销系统（GDS）上，非品牌的饭店如果没有独特的优势，一般很难被消费者识别；同理，小型、非品牌的旅行社组织的包价旅游与著名品牌的旅行社组织的相比，能够为旅游者带来的价值存在巨大的差异。

品牌策略一般包括以下几种类型。

（1）品牌延伸策略

品牌延伸策略是指将某一著名品牌或某一具有市场影响力的品牌使用到其他产品上。品牌延伸策略是企业推出新产品快速占领并扩大市场的有力手段，是企业对品牌无形资产的充分发掘和战略性运用。品牌延伸能帮助新产品尽快进入市场，缩短投入期，节约促销费用，降低新产品的市场风险。品牌延伸若出现失误，则会造成“一损俱损”的不利后果。例如，咸亨酒店创建于清光绪甲午年（1894 年），是一家很普通的小饭店。自从鲁迅先生 1919 年 4 月以咸亨酒店为背景的著名短篇小说《孔乙己》问世以来，咸亨酒店也随之闻名于世，造就了今天“咸亨”的金字招牌。这块关于酒、饮食的招牌是“咸亨”的核心价值与个性，但是在品牌延伸的过程中，将绍兴市第五医院改为“咸亨医院”四个字，弱化了品牌个性，反而忽视了消费者的心理感受，并未体现绍兴整体旅游文化的内涵。

（2）品牌租用策略

品牌租用策略是指中小型旅游企业可以利用自己的某些优势，如分销渠道、客户资源、旅游资源等，租借同行业当中的某一知名品牌，来开发推出新的旅游线路和旅游项目，把自身优势与同行中的知名品牌巧妙地结合，借知名品牌的影响力，扩大企业自身的规模和实力，也就是通常所说的“借船出海”。

（3）品牌共享策略

品牌共享策略就是若干家旅游企业共同使用同一个品牌，组成一个规模较大的品牌联合体。在一个比较大的共享品牌下开发新的旅游线路、服务项目等，使新产品有市场依托、有可以共享的销售渠道，可以快速地进入市场。例如，在 2017 年第十届中国中部投资贸易博览会上，中部六省旅游主管部门签订的《中部六省旅游合作框架协议书》提出，六省将完善合作机制，强化旅游战略合作，共建旅游目的地，在国内和国际市场上联合开展品牌营销，共建共享旅游品牌，互相为各省开展的旅游市场营销活动提供便利和帮助。

3．品牌的管理

品牌的管理工作包括准确把握企业已有品牌性格或构建新品牌性格，提炼消费者渴望的品牌性格，确立品牌的理想性格，提供品牌的产品和服务支持，围绕这一理想性格及其产品和服务支持，提炼出促销主题，形成品牌战略。通过这一循环过程，推动品牌的成长。品牌管理过程有以下几个关键环节。

（1）品牌理念的确立

品牌理念是指企业在实施品牌战略时应树立的指导思想和奉行的价值观念。例如，始创于 2007 年的“好客山东”品牌，通过凝练山东地域文化特征，将绵延 2 000 多年的“好客文化”作为“好客山东”品牌的核心价值，使“好客山东”成为引领山东旅游业发展的一面旗帜。

（2）品牌调研工作

品牌的建设与成长离不开内外环境的支持，因此，旅游企业在推行品牌战略时，应有严谨的求实观念，必须以客观环境作为品牌建设的依据和出发点。只有这样，才能使品牌建设立足于坚实的市场基础，从而避免“闭门造车”和“纸上谈兵”。

（3）品牌定位工作

品牌定位实际上是建立（或重新塑造）一个与企业目标市场有关的品牌形象的过程与结果。品牌定位工作的基本目的在于建立本企业所期望的且被目标消费者所认可的竞争优势。

美国管理学家迈克尔·波特认为，品牌定位的本质就是要挑选出一套与众不同的活动，向消费者提供一套独特的价值。基于这一基本思想，旅游企业在进行品牌定位时，应重点考虑自身的竞争优势，尤其是潜在的竞争优势。

（4）品牌设计工作

品牌设计工作包括支撑品牌的产品和服务设计以及各类显性符号，如名称、标志、色彩或字体等的整体形象设计。

（5）品牌推广（传播）工作

在筹建品牌过程中，应重视品牌的推广（传播）工作。企业首先可借助于大众传播媒介，提高品牌的知名度，在此基础上，通过提供优质的服务、特色的产品来塑造消费者的良好口碑，提升品牌的美誉度，通过富有成效的促销手段，扩大品牌的市场占有率。山东省选择央视作为品牌营销的主流媒体，实现跨时间、跨空间、广受众的全方位覆盖，通过努力取得了“好客山东”首批五大类别的成功注册，成为全国首例成功注册的省域旅游品牌形象，进一步夯实了“好客山东”品牌保护和运作基础。除了在旅游行业被广泛使用外，在山东省政府的重大经贸、文化、体育等活动中，也统一使用“好客山东”标志，使“好客山东”迅速叫响全国。

（6）品牌资产评估

开展品牌资产评估，可使旅游企业准确了解品牌的价值所在，深化对品牌的保护意识，随时掌握品牌资产的波动情况，适时做出各类调整，确保品牌不断升值。并且，还可根据品牌资产的评估结果，确定品牌延伸策略。对于那些有潜在竞争力的品牌，企业应集中资源大力发展，对于那些过时的品牌，应果断放弃，致力于开发、巩固新品牌。“好客山东”的品牌价值在 2011 年已达 115 亿元，为了进一步升值，原山东省旅游局还首创了“联合推介，捆绑营销”的品牌传播模式，进行了“泉城济南”“逍遥潍坊”“亲情沂蒙”“运河古城”“文化济宁”“江北水城”“好运荣成”等一系列城市旅游形象推广，展示出齐鲁大地丰富多彩的文化旅游资源。

（7）品牌保护工作

品牌保护工作包括品牌的经营保护、品牌的法律保护和品牌的社会保护三个组成部分。旅游企业实施品牌战略要走一条规范化管理之路，这条规范化管理之路有赖于整个社会与旅游企业的共同努力。如果不重视品牌保护，驰名品牌也会面临在公众心中消失的危险。在一家商标类网站，“九寨沟”曾以 120 万元叫卖，商标类型为 30 类，包括咖啡、白糖、蜂蜜、茶等。由此可见，旅游企业要有品牌保护意识，科学规范地实施品牌战略。

案例思考

泰国国家旅游局全力提升品质旅游，发布全新品牌形象

泰国一直是中国旅游者最喜爱的境外旅游目的地之一，得天独厚的自然环境、悠久的历史文化、微笑的服务、便捷的交通，使得每年有近千万名中国旅游者前往泰国。为了进一步推广品质旅游，泰国国家旅游局在 2017 年针对中国市场推出全新品牌形象“有品有质游泰国”——在“有品有质”这一主题之下进一步阐释泰国“有文化”“有风光”“有美食”“有快乐”“有时尚”和“有甜蜜”等多个方面的品质游内容，从迷人景点、蜜月胜地、奢华度假、优质购物等方面全面展现泰国这一旅游目的地的风采。

为提高泰国旅游的整体质量，提升旅游者对泰国旅游的信心，自 2016 年下半年以来，泰国政府下大力气治理不合理低价旅游，从源头上整治旅游市场，规范市场秩序，提升旅游品质，优化旅游环境，最大限度地保证旅游者的利益，从而保证旅游业的持续繁荣和发展。泰国旅游与体育部和原中国国家旅游局此前也共同签署备忘录，加强中泰双方旅游合作，携手发展泰国品质游。

此次全新品牌形象的推出也正是全面展现泰国作为综合旅游目的地的良好机会，泰国国家旅游局欢迎每一位中国旅游者深入体验泰国、享受泰国，倡导通过真正愉悦的旅途来感受泰国旅游的品质所在，而非将时间花费在不合理的消费上。

思考：泰国国家旅游局提升泰国旅游品牌形象的意义何在?

分析：作为中国最早的出境游目的地，泰国是众多中国旅游者出境游的首选。由于泰国游产品的多样性，很多旅游者会以价格为主要选择导向，而无法真正体验泰国游的价值所在。泰国政府制定有关品牌资产管理条例，指导各行各业的品牌管理工作。通过新品牌推广，给中国旅游者一个令人耳目一新的泰国，让他们了解从前不曾了解的有品有质的泰国，深入体会泰国游的精髓。

第二节　旅游产品生命周期策略

一、旅游产品生命周期

1. 旅游产品生命周期的概念

旅游市场营销战略中最重要的概念之一就是旅游产品生命周期。任何事物都有其产生、发展、消亡的过程，我们称之为生命周期，旅游产品生命周期是指某种旅游产品自投放市场到最后淘汰出市场的整个过程。旅游产品一旦开发出来并投放市场之后，其生命周期就呈现出四个阶段：投放期、成长期、成熟期和衰退期，每一阶段的市场状况有显著差异。企业要在每一个阶段成功地参与市场竞争，就需要运用不同的市场营销战略和策略。

在旅游市场中，由于激烈的市场竞争，旅游产品的更新换代很快。每一件旅游产品的生命周期并不一样，有的产品生命周期长，有的产品生命周期短；有的产品生命周期呈多样性起伏，有的产品生命周期则比较平稳。旅游产品主要的市场表现为：有的产品生命周期较短，但销售量很大，成为旅游市场中的“时尚型”产品，如不定期举办的重要旅游活动；有的产品成熟期很短，开发费用很高，但属于一种超前消费的旅游产品，如目前的出境旅游；有的产品投放期和成长期较短，但成熟期较长，几乎看不出衰退期，这种旅游产品多为传统旅游产品，如观光旅游。

了解旅游产品生命周期的全过程，正确识别旅游产品所处阶段，有利于旅游企业适应市场变化，做出正确合理的营销决策；有利于旅游企业利用营销手段延长旅游产品的成熟期，延缓其进入衰退期；有利于旅游企业针对市场需求的变化，适时淘汰过时产品，研发旅游新产品。

2. 旅游产品生命周期的阶段及特点

（1）投放期

投放期是指旅游产品刚刚进入市场的阶段。在这一阶段，旅游产品的设计和生产都有待于进一步完善，服务质量不稳定；旅游者对旅游产品还不甚了解，购买行为不够踊跃，只有少量追求新奇的旅游者可能做尝试性购买；产品的销售量很低，增长速度缓慢。而且，由于旅游产品在这一阶段的生产成本和广告宣传费用较高，导致该阶段旅游企业的利润较低，甚至存在一定程度的亏损。

在投放期，最重要的是通过刺激初始需求来培育市场，而不是从竞争者那里挤占市场份额。实际上，早期进入者常常欢迎其他竞争者进入市场以帮助本企业培育市场。

（2）成长期

成长期是指旅游产品逐渐被旅游者接受、销售量迅速增长的阶段。在这一阶段，旅游产品的设计与生产都已经基本定型，基础设施趋于完善；服务人员的服务熟练程度提高，服务趋于标准化和规范化，服务质量得到大幅度提高；旅游产品的知名度逐渐提高，销售额稳步上升，企业的利润大幅度提高，同时广告宣传费用也随着产品的畅销而降低。由于旅游产品在这一阶段的销售状态良好，会有新的企业进入市场，展开竞争。

（3）成熟期

成熟期是指旅游产品在市场上普遍销售的饱和阶段。在这一阶段，旅游产品已成为名牌产品或老产品，在市场中享有较高的知名度，销售量逐渐达到顶峰而趋于饱和状态；旅游产品的成本降至最低点，旅游企业的利润也达到最高水平；竞争者大量涌现，旅游企业间的竞争日趋激烈，由于产品特色差异化的能力减弱，分销渠道变得更为重要。后来者进入成熟期的市场非常困难，除非其拥有较低的进入成本或者能为消费者提供重大新利益的突破性改良产品。

（4）衰退期

在这一阶段，除一些名牌产品外，旅游者开始对老产品失去兴趣，产品的市场销售量日益下降；市场竞争突出表现为价格竞争，旅游产品的价格被迫不断下调，利润迅速减少，甚至出现亏损；新的旅游产品进入市场，开始逐渐取代老产品。旅游产品进入衰退期的原因有很多，如技术进步、产品更新换代，旅游者需求的改变，国内外竞争的加剧等。当销售量和利润衰退时，有的旅游企业退出了市场，有的减少旅游产品供应量，有的则会降价销售。

3．旅游产品生命周期的影响因素

旅游产品生命周期的变化，既受到外部因素（如自然与生态环境、政治与政策环境、宏观经济环境、社会文化环境等）的影响，也受到内部因素（如旅游资源、旅游服务、设施和管理等因素）的影响。归纳起来，旅游产品生命周期主要受以下几个方面因素的影响。

（1）旅游产品的吸引力

旅游产品的吸引力主要来源于旅游资源本身。一般来说，富有特色、内容丰富、具有深厚文化底蕴的旅游资源，其生命周期较长。例如，我国的长江三峡、万里长城、故宫等，对海内外旅游者都有强大持久的吸引力，而那些质量低劣、缺乏特色、抄袭雷同的旅游产品，其生命力大都比较脆弱。

（2）旅游目的地的环境状况

旅游目的地环境包括资源与生态环境、社会文化与经济环境两大方面的内容。优美的自然环境、良好的生态状况、便捷的交通条件、舒适的住宿条件、居民的友好态度等因素共同营造了旅游活动良好的氛围。如果旅游目的地环境污染、社会治安状况不良，必将导致旅游客源萎缩，引起产品生命周期变化。因此，从某种程度上说，旅游业的竞争就是旅游目的地环境的竞争。由于旅游产品的生命周期依赖于旅游大环境，这就要求旅游目的地政府必须用系统工程的方法统一规划旅游业和发展旅游业。

（3）旅游者需求的变化

旅游活动是旅游者寻求心灵体验的一项活动，因此旅游者的购买行为受心理因素的影响很大。旅游者的需求可能因消费观念的改变或者时尚潮流的变化而产生改变。而旅游者收入和带薪假日的增加，也会引起消费需求的变化。

（4）旅游市场竞争状况

现代旅游市场竞争日趋激烈，旅游新产品不断涌现，导致原有旅游产品的生命周期不断缩短。因此，任何旅游产品要想在旅游市场中保持竞争优势，只有不断进行创新，提高服务质量，形成特色，才能够尽可能地延长生命周期。

（5）旅游企业经营管理

旅游产品的生命周期过程，在一定程度上就是旅游企业对旅游产品的经营管理过程。旅游企业针对旅游产品不同的生命周期阶段，采用不同的经营管理手段，可以使旅游产品的生命周期延长。例如，旅游服务质量的高低、宣传与促销力度的强弱、旅游产品组合状况、旅游产品定位正确与否，都直接影响着旅游产品的生命周期。

二、旅游产品生命周期各阶段的营销策略

处于不同生命周期阶段的旅游产品有着不同的特点，旅游企业必须对其产品所处的阶段进行正确判断和预测，采取有针对性的策略，并随着时间的推移和市场形势的发展变化做出调整。旅游企业研究产品生命周期理论的目的在于缩短旅游产品的投放期，使旅游者尽快熟悉和接受旅游产品；设法保持和延长旅游产品的成熟期，防止旅游产品过早被市场淘汰；对已经进入衰退期的旅游产品，应明确是尽快退出市场并以新产品代替老产品，还是通过促销使旅游产品的生命力再度旺盛。

1．旅游产品投放期

（1）旅游产品投放期的营销策略重点

旅游产品投放期的营销策略重点：一是加强与旅游者的沟通，让旅游者熟悉、了解旅游产品；二是扩大旅游市场营销渠道，扩大旅游产品的市场占有率；三是提高旅游企业的经营利润。因此，旅游企业应抓好以下工作。

1）加强广告宣传。旅游产品在投放阶段应以提高产品知晓度为营销重点。但该阶

段旅游企业由于广告宣传费用过高，会产生一定程度的亏损。因此，广告宣传应该有针对性，而且要注重效果。旅游企业应注意凭借社会重大活动和具有广泛影响的事件，适时地进行旅游产品宣传，引起社会轰动效应，从而吸引旅游者对旅游产品的注意，激发旅游者的购买热情。例如，张家界景区借电影《阿凡达》的热映，将此前寂寂无名的“乾坤柱”更名，一举成为世人瞩目的焦点。

2）拓展旅游产品市场。旅游产品市场开发是一项独立的创造活动，它不仅包括一般性的宣传，而且包括全方位扩展旅游产品的销售渠道，通过价格策略占领市场份额或获取理想的利润等。

3）控制旅游产品质量。旅游产品进入市场，旅游者对旅游产品质量的印象直接导致相应的口碑宣传，将会影响到该旅游产品今后的发展。因此，旅游企业要不断改进旅游产品的生产设计以及完善其配套服务，逐步提高旅游产品的质量。

（2）旅游产品投放期的营销策略

在旅游产品投放期阶段，定价和促销是两个最突出的方面，这两者配合有四种营销策略可供采用，如图4—2所示。

1）高价格高促销策略。该策略是为旅游产品定一个较高的价格，企业投入较高的促销费用。使用这种策略的目的是迅速扩大产品销售量，获得较高的市场占有率。它适用的市场条件是：市场上有较大的需求潜力；目标消费者具有求新心理，急于购买新产品，并愿意为此付出高价；企业面临潜在竞争者的威胁，需要及早树立品牌。

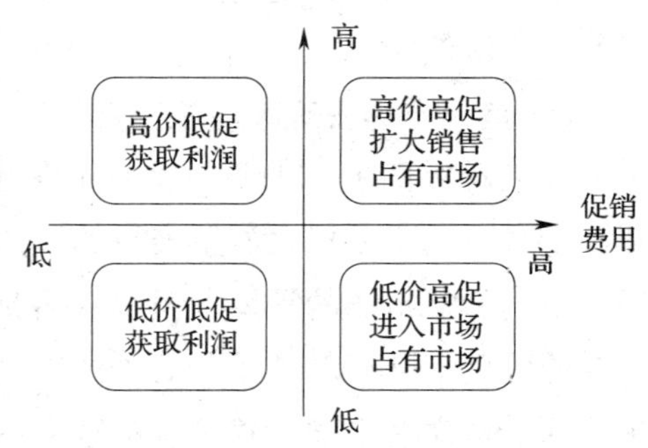

图4—2　投放期市场营销策略

2）高价格低促销策略。该策略是为旅游产品定一个较高的价格，企业投入较低的促销费用。使用这种策略的目的是尽可能多地获取利润。它适用的市场条件是：市场规模相对较小，竞争威胁不大，市场上大多数用户对该产品没有过多疑虑，适当的高价能为市场所接受。

3）低价格高促销策略。该策略是为旅游产品定一个较低的价格，企业投入较高的促销费用。使用这种策略的目的是使产品以最快的速度迅速打入市场，获得尽可能高的市场占有率。它适用的市场条件是：产品市场容量很大，竞争比较激烈；潜在消费者对产品了解，且对价格十分敏感；产品的单位生产成本可随生产规模和销售量的扩大而迅速下降。

4）低价格低促销策略。该策略是为旅游产品定一个较低的价格，企业投入较低的促销费用。使用这种策略的目的，是在以低价格使市场尽快接受新产品的同时，使企业获取尽可能多的利润。它适用的市场条件是：市场容量较大；潜在消费者容易或者已经了解新产品，且对价格十分敏感；有相当多的潜在竞争者准备加入竞争行列。

旅游产品投放期是旅游产品成长的关键时期，能否顺利通过投放期，决定着旅游产品的市场前途。因此，旅游企业经营者应该谨慎选择旅游产品，以及适合企业自身条件的市场营销策略。

2. 旅游产品成长期

（1）旅游产品成长期的营销策略重点

旅游产品成长期的营销策略重点是：提高旅游产品的特色与优势，努力寻求和开拓新的细分市场，开辟新的销售渠道。

（2）旅游产品成长期的营销策略

1）继续扩大广告宣传。旅游企业在这一阶段仍然应该重视广告宣传，但是广告宣传的重点应从建立产品的知晓度转移到说服旅游者购买旅游产品上来。同时，旅游企业要在广告宣传中提醒旅游者本企业旅游产品的特色。在这一阶段，旅游企业还应该进行各种公关活动，努力塑造旅游企业在社会上的良好形象，增强旅游者对旅游企业及其旅游产品的信任感。

2）提高市场占有率。旅游产品在成长期的市场机会是最大的，但市场变化也很快，机会往往稍纵即逝。因此，旅游企业在这一阶段应该以挖掘旅游产品的市场深度为主，即旅游企业要不断提高旅游产品的质量，发展旅游产品的品种和规模，以系列化的产品满足不同目标市场的需要；通过开拓新的销售渠道和加强销售渠道的管理，在巩固原有渠道的基础上开拓新市场；选择适当时机调整价格，以争取更多的旅游者。例如，携程旅行网针对新客户端完善了酒店频道各个细分市场的功能，首度聚合了团购、惠选、今夜特价等酒店细分市场功能，确保价格真正触底，这对于价格敏感型的旅游者来说，具有相当大的诱惑力。

3）努力创造品牌。成长期是旅游企业创造品牌的最佳时期。旅游产品要在旅游者心中留下深刻的印象，必须突出产品特色，形成自身优势。因此，旅游企业要进一步改变旅游产品的生产设计，并完善配套服务。例如，福建省湄洲岛国家旅游度假区在开发建设时，以弘扬妈祖文化为切入点，努力打造妈祖文化品牌，增强吸引力和竞争力。妈祖文化旅游节是湄洲岛弘扬妈祖文化、吸引海内外旅游者的主打项目之一。

旅游产品的成长期，是旅游企业获得利润的黄金时期，也是创造品牌的最佳时期。旅游企业同时面临着高市场占有率和高利润率的选择。实施市场扩张和渗透策略会使旅游企业暂时利润减少，但强化了旅游企业的市场地位和竞争力，有利于维持与扩大市场占有率。从长期利润观念看，旅游企业更应该选择以扩大市场占有率为此阶段的主要目标。

3．旅游产品成熟期

（1）旅游产品成熟期的营销策略重点

旅游产品成熟期的营销策略重点是：尽量回收资金；在保持原有产品优势的基础上，调整旅游产品及营销组合；努力延长这一阶段。

（2）旅游产品成熟期的营销策略

1）回收资金。旅游产品在这一阶段的销售增长率达到最高点，然后趋于下降，利润也开始慢慢下降，但是销售量仍然处于较高的水平，而且成本能控制在较低的水平。此时，旅游企业应尽量回收资金，而不应当因为此时旅游产品好销售又赚钱再进行重复性投资。因为此时该旅游产品的市场已趋于饱和，难以吸引新的客源。

2）改进旅游产品。旅游产品的改进主要表现在两个方面：一是产品质量与服务的改进，即根据旅游者的反馈信息来完善旅游产品，并以稳定、优质的服务来吸引旅游者；二是对原有的营销组合因素进行调整，如进行新的市场开发、开辟多种销售渠道、采用灵活的定价策略等，以增强旅游产品的市场竞争力。

3）开发新产品。旅游企业此时应当准备实行产品更新换代，以适应旅游者日益变化的旅游需求。只有新产品与老产品保持良好的衔接关系，旅游企业才会保持生命力。例如，皇冠假日酒店为提高商务旅客的入住体验，推出“早餐同步退房服务”。该服务能让宾客在享受营养健康的早餐的同时完成退房，将悉心照顾融入服务细节中，为宾客带来身心舒适、高效的服务体验。

旅游产品的成熟期是旅游产品社会需求量最旺盛的时期。旅游企业应通过产品完善、市场改革、调整营销组合、开发新产品等措施来尽量延长这一阶段，形成新的销售高潮。

4．旅游产品衰退期

（1）旅游产品衰退期的营销策略重点

旅游产品衰退期的营销策略重点是：慎重选择营销策略，确定产品在什么时间，以什么方式退出市场，并应该处理好善后事宜，使企业顺利地转向新产品经营。

（2）旅游产品衰退期的营销策略

1）集中策略。集中策略是把资源集中使用在最有利的细分市场和最有效的销售渠道上，以最有利的市场赢得尽可能多的利润。这样有利于延缓产品退出市场的时间，同时又能为企业创造更多的利润。

2）维持策略。维持策略是指沿用过去的策略，即保持原有的细分市场，使用相同的分销渠道、定价和促销方式，把销售维持在低水平，直到该产品完全退出市场。

3）榨取策略。榨取策略是指大幅度降低促销水平，尽可能降低销售费用，如广告宣传费用削减为零，大幅度精简推销人员等，虽然销售量有可能迅速下降，但是可以从忠实于这种产品的消费者中获取更多的利润。

4）放弃策略。放弃策略是指对于衰退比较迅速的产品，应该当机立断地放弃经营。放弃可以采取立即退出和逐步退出两种形式。一种旅游产品退出后可将其所占用的资源逐步转向其他产品。

在衰退期，旅游产品的销售量会迅速下降，勉强维持下去会使旅游企业处于被动的局面。因此，旅游企业的决策者此时应该果断决定旅游产品在市场上的去与留，尽可能地缩短旅游产品的衰退期，以减少旅游企业的损失。

例如，饭店产品出现大量消费者兴趣转移，市场销售量迅速萎缩，很多竞争者退出市场的情况时，虽然可以有计划地对饭店产品进行改进、对饭店设施进行改造、对饭店重新装修，给消费者耳目一新的感觉，但是这种方式花费巨大，会削弱饭店在未来市场的竞争力。所以，饭店应迅速做出决策退出该市场，尽早进行新产品的开发，及早开始新一轮的产品生命周期，这样不仅节省了大量的资金投入，也可以在新一轮产品的竞争中取得优势地位。

案例思考

香港地区旅游产品延长生命周期的策略

香港曾以“购物天堂”著称，但近年来，单纯的购物及观光已经不具备较大的吸引力，内地旅游者的旅游目的已经转变为休闲度假顺带购物，这对香港旅游业的发展提出了新的要求，即延长旅游产品生命周期的要求。

旅游产品改进策略，是通过对成熟期的旅游产品做某些改进以吸引新老旅游者，从而使旅游产品成熟阶段得到延长，香港迪士尼乐园在此背景下应运而生。香港迪士尼乐园是全球第五个以迪士尼乐园模式兴建、迪士尼全球的第十一个主题乐园，以及首个根据加州迪士尼乐园为蓝本的主题乐园。

香港迪士尼乐园大大丰富了香港旅游产品的内容，使香港从单纯的旅游购物、观光目的地转向了旅游购物、观光、休闲度假为一体的综合性旅游目的地，以香港迪士尼乐园为主的新一批旅游景点的开发与建设扩展了香港旅游产品的资源存量，吸引更多海内外旅游者来港游玩。

思考：香港迪士尼乐园对香港地区旅游产品起到了怎样的作用？体现了旅游产品生命周期策略的哪些内容？

分析：香港迪士尼乐园旅游产品创新是旅游生命周期延长转换的动力和机制，在香港旅游产品生命周期的成熟阶段，为香港旅游产品注入新鲜血液，成为香港旅游发展的新动力，为香港旅游业的发展做出了重要贡献。从世界范围来看，香港迪士尼乐园的建立为香港旅游辐射整个东南亚及亚洲市场，起到了至关重要的作用，并为香港旅游业树立起新的名片，同时也促进了内地旅游者来港政策的开放。通过分析香港旅游产品的生命周期，我们可以得出结论，针对旅游产品生命周期采取积极有效的策略，可以让旅游产品成熟期得以延长，甚至达到新的高峰。

第三节　旅游新产品开发策略

一、旅游新产品的概念

旅游新产品是指旅游企业初次设计生产的，或原来生产过但又做了重大改进，更能体现旅游企业经营者意图，与原有旅游产品存在显著差异的产品。

二、旅游新产品的种类

1．创新型旅游新产品

创新型旅游新产品是指运用现代科技手段创造或规划出来的具有新内容的旅游产品。这种产品能够满足旅游者新的需求，无论对旅游企业还是旅游市场而言都是新产品，可以是新开发的旅游景点，也可以是新开辟的旅游线路或者是新推出的旅游项目。

创新型旅游产品在创意策划上难度较大，同时受到旅游企业技术水平、资金等诸多因素的制约，研发时间一般较长。例如，美国某轮船公司打算建造一艘可容纳数万名乘客的巨型游轮——“海上城市”，它可长期在海域游弋，每两年绕地球一周，三分之一的时间在航行，剩下的时间则在世界各港口停靠。消息一经传播，就有不少人表示为这种“全新刺激的生活方式”动心。

2．换代型旅游新产品

换代型旅游新产品是指对现有产品进行较大改革后，充分利用原有基础设施，局部采用新科技成果，扩点成线，扩线为面，设计生产出来的产品。纵观各国旅游业，一般都会经历由传统的一般型观光旅游产品到主题型观光旅游产品再到非观光与观光组合型旅游产品的升级换代过程。换代型旅游产品意味着旅游产品结构正向高级阶段发展，它与原旅游产品在时间上是承继的，但空间上可以并存，相互补充，互为促进。

3．改进型旅游新产品

改进型旅游新产品是指在原有旅游产品的基础上，进行局部的改进，不进行重大改革的旅游产品。这种旅游产品可能是在配套设施或服务方面的改进，也可能是旅游项目的增减或服务的增减，但原有旅游产品的实质在整体上没有较大的改变。例如，饭店增加自助餐的餐饮品种、提供音乐服务、延长服务时间等较小范围的调整。

4. 仿制型旅游新产品

仿制型旅游新产品是指旅游企业仿照旅游市场上已经存在的旅游产品而生产的旅游产品。旅游企业在仿制旅游产品的过程中可能有局部的改进和创新，但基本理念和结构是仿制的。例如，仿照深圳的“锦绣中华”“民俗文化村”而建造的北京“世界公园”就是这种产品。仿制是一种重要的竞争策略，这种旅游新产品在旅游市场上极为普遍，但企业在运用时要避免侵权问题。

三、旅游新产品开发的意义

旅游新产品开发是旅游企业生存的必要条件。由于旅游产品存在生命周期变化的规律，加上旅游消费者的需求日趋多样化和个性化，因此旅游产品必须随市场变化进行更新换代。这对于旅游市场营销管理是一个非常重要的问题。能否研发、生产出适销对路的新产品和提供高质量的服务，直接关系到旅游企业的生存与发展。

旅游新产品开发是旅游企业开拓、创造新市场的金钥匙。企业同产品一样，也存在着生命周期。如果企业不开发新产品，则当产品走向衰落时，企业也同样走到了生命周期的终点。一般而言，当一种产品投放市场时，企业就应当着手设计另一种新产品，使企业在任何时期都有不同的产品处在生命周期的各个阶段，从而保证企业具有开拓、创新市场的能力，并且使企业利润稳定增长。

旅游新产品开发是提高旅游企业市场竞争能力的重要手段。面对日益激烈的市场竞争，企业为了保持自己的竞争优势和提高经济效益，最有效的战略之一就是产品创新，不断以新产品代替老产品。另外，企业定期推出新产品，还可以提高企业在市场上的信誉和地位，并促进新产品的市场销售。因此，在瞬息万变的国内、国际旅游市场中，在日益激烈的竞争环境下，开发新产品对企业而言，是提高企业竞争能力、应对各种突发事件、维护企业生存与长期发展的重要保证。

四、旅游新产品开发的具体策略

旅游新产品的开发，是旅游企业长期生存的必要条件，也是旅游企业保持活力和竞争力的重要途径，通常可以采用以下几种策略开发旅游新产品。

1. 旅游资源重组策略

旅游资源是旅游产品开发的依托。旅游企业开发新产品，必须更新资源观念，重新认识现有的旅游资源，在充分挖掘资源优势的基础上，实施旅游资源的优化组合。

（1）从市场需求的角度组合旅游资源

从市场需求的角度组合旅游资源，即旅游资源的整合要能够激发旅游者的旅游动机，满足或创造新的旅游需求。这种整合方式基于对旅游市场的深入调研和对旅游者消费行为的仔细分析，具有灵活性强的特点，适于新的旅游线路和产品的开发。例如，某旅行社将武汉市的黄鹤楼、“汉秀”和夜游长江等一系列景点和旅游项目进行线路组合，推向假日旅游市场，受到了旅游者的青睐，其原因就在于考虑了旅游者了解武汉经典旅游项目，白天和晚上都有观景看秀的市场需求。

知识链接

生态养生游，健康你我他

生态养生游是目前国际上最具发展潜力、最环保的旅游产品之一，其核心概念是在自然景色优美、生态环境良好的地方，通过开展各种养生项目活动达到休闲健体的目的，是生态旅游与养生旅游的有机结合。生态养生旅游不同于其他主题旅游，它需要特殊的养生活动项目，对环境的要求很苛刻。生态养生旅游产品设计主要有以下几种。

1. 分时度假养生游

分时度假是将房产住宿权按一定程度分割出售的一种住宿产品。它最基本的形式是把度假目的地的饭店、度假村或者公寓、别墅等的客房使用权按时段进行分解，用锁定并且优惠的价格销售给固定的消费者。许多中老年消费者，梦想到环境优美、生态良好的乡野修身养性，近距离地体验大自然，但由于经济原因，大多数人无法购买别墅房产，此时分时度假旅游产品恰好满足了他们的需求。因此，修建山间度假别墅，配备专业的服务保障人员，结合生态旅游景区（点）内的森林、山地和湖泊等资源安排丰富多彩的体验性活动，必然受到市场的欢迎。

2. 养生科普教育游

中国旅游人口基数众多，在如此庞大的消费人群中，真正了解养生保健知识的为数不多，养生科普教育市场潜力巨大。因此，生态养生旅游景区（点）应聘请专业的养生保健老师向旅游者教授生态养生的相关知识，利用景区（点）内的中草药、野生动植物等资源，开展参与性体验活动，让旅游者在观光休闲的同时学习到养生科普知识。

3. 养生果蔬采摘游

养生果蔬采摘游把养生理念、现代农业与旅游业相融合，既提高了蔬菜和水果的经济效益，又推动了生态旅游业的发展，是农业的发展，又是旅游业的升华，能满足人们保健养生、享受美食、回归自然、追求个性化、休闲放松的多重需要。生态养生旅游景区通过文字、图片、标牌等多种形式，宣传各种果蔬营养知识，增添科教内涵，实现传统农耕生活与现代农业科技元素的融合，让旅游者在欣赏田园风貌的同时，体验收获的快乐。

4. 养生主题节庆游

目前国内许多主题旅游目的地开展相关的主题节庆活动，已取得了较大的成功。因此，生态养生旅游地也应借鉴其他主题旅游区的成功经验，开展各种主题节庆活动，如举办“养生旅游节”，开展与养生有关的知识竞赛活动，每年组织生态养生文化展，利用广播、电视、大型广告片来宣传生态养生旅游的必要性，使人们树立“生态养生旅游更健康”的思想。

（2）以文化为纽带组合旅游资源

以文化为纽带组合旅游资源，即分别以自然景观为对象的生态文化、以民俗与宗教为主体的传统文化、以高新科技和时尚文化为代表的现代文化等多种类型的文化来组织开发旅游产品。旅游活动在本质上是一种旅游者寻找和感悟文化差异的行为与过程，因此通过文化组合旅游资源和开发旅游产品，有利于营造文化差异环境，创造市场卖点。例如，在一些人文景点进行园林造景、修建博物馆，并利用全息影像技术还原园林古时的场景。

（3）从经济效益的角度组合旅游资源

从经济效益的角度组合旅游资源，即旅游资源的组合要能够实现旅游资源价值增值和利润回报，提高产业贡献率，这也是旅游业作为经济产业发展的内在需求与动力。

2. 产品升级策略

由于旅游需求的拉动、市场的不断完善、竞争的不断加剧，旅游企业必须通过产品升级策略不断地营造新的旅游产品来延长旅游产品的生命周期，以满足旅游消费者不断变化的需求。

（1）提升旅游产品形象

旅游产品形象影响着人们对其心理的感知程度。提升旅游产品形象是指在原有旅游产品形象的基础上提炼出新形象，引导旅游者从一个新的角度认识原有的旅游产品，并产生强烈的兴趣。例如，香港旅游发展局面对泰国和新加坡在旅游价格上的优势，对自己进行了重新定位，淡化“购物天堂”的说法，强调香港是“万象之都”，生活丰富多彩，包罗名胜古迹、美食娱乐及博物馆等。

（2）提高旅游产品品质

旅游产品品质提升的一个重要途径是持续地对旅游产品的设计、生产与管理进行不断完善与改进，对原有旅游资源进行深度开发，不断丰富原有旅游产品的内容。例如，被誉为亚洲第一游乐园的东京迪士尼乐园，从开园到现在，一直保持着游园人次的长久不衰，但东京迪士尼乐园仍然耗费巨资不断增添新的游乐场和器具来吸引旅游者和让来过的旅游者重新再来，被称为“永远建不完的乐园”。

（3）应用高新技术设计大创意、大手笔的旅游产品

长期以来，我国旅游产品的开发与设计还停留在初级产品的层次上。创新意识较差、技术含量偏低是影响我国旅游产品开发的主要因素。在对旅游资源的文化内涵、景观审美特征的挖掘与展示方面，未能依托科技手段，因此难以推出参与性和娱乐性强、具有竞争力的高科技旅游产品。旅游产品开发要改变科技投入不足的被动局面，就必须全面应用高新技术，制作出具有一定轰动效应的高科技旅游产品，提高旅游产品的竞争力。

案例思考

万能的迪士尼乐园魔法手环

看似简单的感应手环，却可以通过它畅游迪士尼乐园，这就是“迪士尼乐园魔法手环”（Magic Band，以下简称“魔法手环”）。

有了魔法手环，旅游者入场时不用担心丢失门票，因为迪士尼乐园入场门票就在手环中，如果有预订了饭店的旅游者，手环直接可以作为进入客房的感应钥匙。

虽然是橡胶手环，但是以低过敏性材质做成，可以耐热也可以防水。魔法手环还包含快速通关、信用卡等功能。是不是很神奇呢？

不仅如此，最有趣的是，魔法手环有个人资料。使用者靠近米老鼠、白雪公主等迪士尼乐园园内卡通动物或人物，透过魔法手环的感应，这些动物或人物可以获取旅游者的资料，如果当天恰好是旅游者的生日，这些卡通动物或是人物还会献唱一首生日快乐歌呢！

魔法手环还可以记录使用者在园区买的纪念品，也可以定位使用者的位置和游玩行程，也就是说，万一小朋友走失了也可以在第一时间被找到。

思考：迪士尼魔法手环的意义何在？

分析：魔法手环使用现代高新技术，实现了将电子门票、快速通关、信用卡、游玩定位、游玩记录等功能集于一身，且防水、耐热，使得旅游者可以更顺畅地完成迪士尼的游玩体验。

3．品牌延伸战略

旅游业经过多年的发展，已经形成了一些知名度高、信誉较好的旅游产品品牌。这些旅游品牌具有良好的质量和信誉，产生了强大的市场影响力，已形成了一定的名牌效应。实施品牌延伸战略，即凭借名牌效应开发旅游新产品。

（1）保持和维护现有品牌质量

通过加强管理，提高现有品牌载体——核心企业的服务水平、产品质量、企业信誉和市场知名度，加强宣传，维护和提高现有品牌的知名度与美誉度。

（2）实施品牌延伸战略，提高现有品牌的利用效率

通过组建松散的企业联盟，或进行品牌特许权经营，或组建多元化经营的综合性集

团公司，将连锁加盟企业、相关行业企业与核心企业有机地联系在一起，共同使用现有品牌，以提高知名品牌的利用效益。例如，快餐业巨头麦当劳已把经营范围从餐饮扩展到住宿，第一家麦当劳旅馆已正式对外营业。这家麦当劳旅馆的客房仍然严格按照麦当劳的宗旨——“质量、服务、清洁和价值”来运作。

（3）规范管理，保证品牌延伸企业的经营质量

名牌产品的市场地位主要是由产品优势、成本优势和营销优势组合形成的市场竞争优势，最理想的名牌产品就是拥有高技术、高质量、高文化含量、低成本、规模化的产品。因此，应当在人才、技术、资金、管理等方面对品牌延伸企业进行全面质量管理，以保证品牌延伸企业的经营质量。

知识链接

旅游新产品开发设计趋势

随着市场竞争的日益激烈、科学技术的飞速发展和社会环境的不断变化，旅游新产品的开发设计呈现出下列一些新的趋势。

1. 科技含量日益增强

以信息技术、生物技术、新材料技术、新能源技术和空间技术为核心的技术革命对人类社会的影响，在广度和深度上都将超过前几次的技术革命，这种影响已经深入到旅游产品的创新当中，包括交通、饭店、景区等各个方面。许多饭店正在大力研究开发具有设备自动化、消防自动化、保安自动化、办公自动化、通信自动化（“5A”功能）和良好服务的“智能饭店”。

2. 具有高附加值和多种功能

今天的消费者不再满足于旅游企业仅仅提供单一的观光项目和简单的住宿、就餐服务，消费者同时还有健身、娱乐、增长知识等多元化需要。因此，企业在研究开发新产品时，必须在重视满足消费者基本需求的同时，力图使企业新产品具有更多的附加值和功能，以便给消费者更多的方便，满足现代消费者对旅游的多元化需求。

3. 更具个性化

个性化服务已成为世界旅游业发展的潮流。旅游产品主要是无形的服务产品，产品服务质量最终是由消费者评价的，消费者评价服务质量的标准是其需求被满足的程度。随着市场经济向深层次发展，消费者选择的范围更大、标准更高。由于消费者的需求千差万别，旅游产品要经得起选择和挑选，就必须满足消费者的个性化需求。

4. 进一步体现民族特色

随着我国国内旅游业的发展，入境旅游者将大幅度增加，旅游业需要接待来自各国的旅游者，旅游产品的设计应该尊重旅游者的宗教信仰、文化传统和风俗习惯。但也应该看到，越是民族的越有国际性。旅游是一种体验，消费者不仅要求在旅游过程中得到娱乐享受，也希望能够体验不同民族的带有传统特色的民俗和生活方式，得到精神上的满足。同时，随着国内旅游业的发展，在研究开发针对国内消费者的旅游新产品时，也应该尽可能地体现各个民族的特色与地方风格，发挥我国作为一个多民族国家在文化传统方面的优势。

5. 更加注重保护生态环境

现代人盲目追求眼前的经济利益和高消费的生活行为，已经对生态环境造成了严重的污染和破坏。地球环境的污染和破坏给世界各国人民敲响了警钟，保护生态环境已成为全世界共同的呼声。拥有美好的生活环境也反映在旅游者对旅游的要求中。旅游业发展的实践已经证明，旅游业也会对人类生态环境造成污染和破坏。因此，为了适应人类文明的进步和满足消费者的要求，旅游企业将更加重视研究和开发保护生态环境的新产品。

思考与练习

1．旅游产品的概念是什么？

2．旅游产品组合包括哪些内容？

3．旅游品牌策略有哪些形式？品牌管理包括哪几个基本环节？

4．旅游产品生命周期的影响因素有哪些？产品生命周期各阶段应采取什么样的策略？

5．开发旅游新产品的策略有哪些？

第五章

chapter 5 旅游产品价格策略

旅游产品价格策略是旅游市场营销组合策略的重要组成部分。由于旅游产品价格策略相对其他因素而言灵活性最大，所以旅游产品价格制定是否合理，策略运用是否恰当，直接关系到旅游产品在市场中的竞争地位及营业收入，进而影响到旅游企业市场营销的成败。旅游企业在制定经营计划时，必须全面考虑价格因素，做出适当的旅游定价策略，使之与产品、促销及分销策略相配合，为旅游企业赢得竞争优势。

学习目标

- 理解旅游产品价格的概念和种类
- 掌握影响旅游产品价格的因素
- 掌握旅游产品定价的方法和策略

案例导读

美国华人旅游业者叹生意难做：低团费诱发意外

据美国华人媒体报道，2016 年 9 月 24 日一辆载有 22 名中国学生的旅游巴士在加利福尼亚州优胜美地公园附近发生车祸，1 名学生丧生，11 人受伤。这场车祸又一次引发了人们对中国旅游者在美旅游安全的关注。

在洛杉矶经营旅游公司十几年的某位老板感叹生意越来越难做。她说："中国散客旅游时特别追求低价，购物不嫌贵，团费却一减再减，减到我们生存都成问题，而且，中介旅游公司不仅收取的费用高，而且拖欠团费，我们经常完成服务后很久收不到尾款。"

她非常隐晦地指出，利润空间已经危及旅游公司的生存，可是再低的价格，业内都有人做，开大巴的司机赶时间开快车，或有时疲劳一些依然驾驶都有可能。

思考：中国赴美旅游产品价格如何影响旅游服务质量和安全？

案例扩展阅读 ------>

第一节　旅游产品价格及影响因素

一、旅游产品价格

1．旅游产品价格的概念

旅游产品价格是旅游者为满足其旅游活动的需要所购买的旅游产品的价值形式。和其他商品的价格一样，旅游产品的价格也是由生产该旅游产品的社会必要劳动时间决定的，并受供求状况的影响。它是旅游产品价值、旅游市场供求和一个国家或地区的币值三者变化的综合反映。

2．旅游产品价格的类型

（1）按购买旅游产品的方式划分

旅游产品有单项旅游产品和包价旅游产品之分，相应的价格也分为单项旅游产品价格和包价旅游产品价格，见表 5—1。

表 5—1　按购买方式划分旅游产品价格

分类	定义	示例
单项旅游产品价格	旅游者购买分项或零星的食、住、行、游、购、娱等各要素的旅游产品价格	餐饮价格、客房价格、门票价格、旅游纪念品价格等
包价旅游产品价格	旅游者购买旅行社对旅游活动的各单项产品进行组合形成的旅游产品价格	向旅行社购买一次贵州全景游，旅行社收取的包价包括旅游期间的交通、住宿、餐饮、游览、导游服务等多项旅游活动费用

（2）按销售旅游产品的方式划分

旅游产品价格除一般价格外，还有旅游差价和旅游优惠价两种特殊形式。

1）旅游差价。旅游差价是同种旅游产品由于地点、时间不同或其他原因而存在一定差异的价格，主要有地区差价、季节差价、质量差价、机会差价和批零差价等。旅游需求在不同地区间、不同季节内存在很大差异，旅游供给也由于不同企业而各不相同，与旅游供求密切相关的旅游价格也必然会有一定差别。例如，某些饭店为了刺激需求、扩大销售，旅游淡季客房价格明显低于旺季价格；航空公司等交通企业根据时间实行浮动票价。

2）旅游优惠价。旅游优惠价是指在明码标价的基础上给予旅游者一定比例的折扣或其他形式的优惠价格，主要包括购量优惠、对象优惠、促销优惠、支付优惠等。购量优惠是指根据旅游者购买产品数量的多少实行的优惠价格，如旅游团队享受的价格；对象优惠是指给特殊市场群体，如同行业者、退休人员、残疾人等的优惠价格；促销优惠是举行促销活动时以价格折扣为主要手段的优惠价格；支付优惠是根据付款方式和时间而给予的不同优惠价格，如提前预订越来越受到经营者的重视，他们往往愿意以一定的折扣换取可观的预订量。

旅游产品属非生活必需品，此类服务产品的价格弹性一般较大，因此，旅游价格折扣是旅游企业争取市场、应对竞争的有力手段，它便于旅游企业同旅游者或客户保持长期良好的关系。

二、影响旅游产品价格的因素

旅游产品价格的确定，要由生产旅游产品或提供服务的社会必要劳动时间决定，但由于旅游市场的供求变化较大，而影响旅游市场供求的因素又很多，因此，旅游产品定价时应当考虑以下因素。

1．旅游产品成本

产品成本是决定产品价格的重要因素，只有当产品价格超过产品成本时，企业才能盈利。旅游产品的成本包括生产成本、销售成本，以及由开发产品可能造成对环境的影响而产生的成本，这三者之和是旅游供给价格的最低限。所谓旅游供给价格是旅游产品供应商出售旅游产品所愿意接受的最低价格。旅游产品的销售价格除了包含产品成本之外还应包含企业的经营利润。一般而言，旅游产品的成本影响旅游价格，而旅游价格又影响旅游需求，所以，旅游企业应努力降低经营成本，制定有竞争力的价格，巩固产品在市场上的地位。

大多数旅游产品，都存在高固定成本和低变动成本的现象，因此，在旅游产品的定价中，往往具有较大的浮动空间。高固定成本使得服务类企业在需求量低的情况下，不得不对没有售出去的产品实行短期大幅降价，这也导致了旅游企业广泛实行以获得边际收益为主的大幅价格折扣。

2．旅游者对旅游产品价值的理解

对任何旅游产品，消费者都会根据自身的价值观念和消费经验形成一个理解价值，如果产品的市场价格超过了这一理解价值，消费者就会取消自己的购买行为，所以理解价值对应的价格是旅游产品供给者所能定出的最高价格。例如，同样的星级饭店、同样的硬件设备设施，甚至服务也相同，但是否具有国际或国内著名品牌，旅游者对它们的理解价值会大相径庭，导致价格也出现差距。

在激烈的市场竞争中，旅游企业的经营都是以旅游者为导向的，所以旅游者对旅游产品价值的理解对旅游产品价格的高低有重要影响。价格与旅游者的心理有密切关联，度假产品尤其如此，因为价格可能既是价值的象征，又是地位的象征。

3．旅游市场供求状况

旅游产品被推向市场后，其价格要随着市场的不断变化予以调整。决定调整方向和幅度的就是市场供求关系。当供过于求时，经营者就不得不通过降价或其他价格措施来抢占市场份额；当供不应求时，经营者又可以适当抬高产品价格。旅游价格非常容易受到供求变动的影响，而旅游的季节性和脆弱性决定了供求的易变动性。

第二节　旅游产品定价方法与策略

旅游产品不同于其他商品，旅游产品本身及其供给具有一定的垄断性。独一无二的自然风光和名胜古迹等旅游资源存在于世界各地特定的国家或地区，是人工难以模仿的。到这些地方旅游，其旅游产品价格自然由资源所在国或地区确定，从而在价格上也体现出一定的垄断性。此外，旅游产品价格还受旅游企业营销目标、旅游产品的特点、市场竞争状况、汇率变动及通货膨胀等因素的影响。在分析旅游价格影响因素的基础上，确定合理的旅游产品价格，有利于旅游企业以适当的价格参与市场竞争，实现企业的经营目标。

一、旅游产品的定价方法

旅游产品价格的高低受成本、需求、竞争等众多因素的影响和制约，旅游企业在制定价格时理应全面考虑这些因素，但是，旅游企业在实际定价工作中往往只侧重某一个方面的因素。大体上，旅游产品定价方法有以下三种。

1．成本导向定价法

成本导向定价法是在产品成本的基础上，适度提高一定比例的金额，最终形成产品的价格。这种定价方法有利于旅游企业维持简单再生与进行经济核算，但是忽视了市场需求、竞争者等因素对价格的影响，因此具有一定的被动性。成本导向定价法可以分为成本加成定价法和目标收益定价法。

（1）成本加成定价法

成本加成定价法是在产品成本之上加上适当的百分比进行定价。其计算公式为：

单位产品价格 = 单位产品成本 + 单位产品预期利润 = 单位成本 ×（1+ 加成率）

这种定价方法计算简便，在需求与竞争相对稳定的市场环境下，可以保证企业获得适当的利润。但是此方法只注重产品的生产成本和预期利润，忽视了市场竞争与需求状况，因此在市场环境变化较大的情况下难以适用。

（2）目标收益定价法

目标收益定价法是根据预期的总销售收入和预期的销售量来制定价格的。其计算公式为：

产品价格 =（总成本 + 目标利润）÷ 预期销售量

在理论上，这种定价方法可以保证旅游企业目标利润的实现，但由于此方法是以预期销售量来推算单价的，忽视了价格对销售量也会产生直接影响，故此方法适用于经营垄断性产品或具有很高市场占有率的企业。

2. 需求导向定价法

需求导向定价法是以需求为中心的定价方法，强调的是应该依据旅游者对产品价值的认知和对产品的需求来确定价格，而不是根据生产成本确定价格。需求导向定价法主要有认知价值定价法和差别定价法。

（1）认知价值定价法

认知价值定价法是指以旅游者对产品价值的认知和认识程度作为依据来制定产品价格的方法。只有产品和服务的价格符合旅游者对旅游产品的认知价值时，他们才有可能接受这一价格。所以采用这种方法定价的关键在于利用产品定位策略进行旅游产品特色的宣传与介绍，运用品牌策略影响与吸引旅游者，从而使旅游者建立对产品的品牌忠诚，增加旅游者对所购旅游产品的附加值的认可。例如，某咖啡厅临海而建，旅游者进入此咖啡厅可以欣赏到海边美景，而且可以在很浪漫的氛围下享受优质服务，因此，该咖啡厅的消费价格可能高于一般咖啡厅。

（2）差别定价法

差别定价法是指旅游企业对不同的顾客、不同的时间和地点，在基本价格的基础上确定不同价格的方法。差别定价法主要考虑不同顾客在不同时间和地点的需求偏好和需求强度，在需求强度高的时间和地点制定高价格，对偏好强烈的顾客也可制定高价格，反之，只能制定低价格以保持市场。一般说来，差别定价法主要有以下四种类型。

1）顾客对象差别定价法。顾客对象差别定价法是旅游企业按照不同的价格把同一种产品或服务卖给不同类型的顾客。一般情况下，低收入阶层对市场价格的变动较为敏感，而高收入阶层购买旅游产品时多注意其品牌、质量，对价格变动的敏感程度较低。旅游景点针对学生、老年人实行的特殊门票优惠价格，铁道部门对学生实行的学生票半价优惠，采用的就是这种定价方法。

2）产品形式差别定价法。产品形式差别定价法是旅游企业对不同形式的旅游产品制定不同的价格，且不同形式产品价格之间的差异和成本费用之间的差额并不成比例。一般情况下，新颖的旅游产品比传统的旅游产品价格更高。

3）地理区域差别定价法。地理区域差别定价法是旅游企业对于处在不同地理位置的产品或服务分别制定不同的价格，即使这些产品或服务的成本费用没有任何差异。如剧院，虽然不同座位的成本费用基本没有差别，但是不同座位的票价有所不同，这是因为人们对剧院不同座位的偏好有所不同。同样，旅游企业在不同地点出售相同的旅游产品或服务，旅游企业的边际成本可能没有差别，但可以根据不同地理区域所造成的需求强度差异而制定不同的价格。

4）销售时间差别定价法。销售时间差别定价法是旅游企业对于不同季节、不同时期甚至不同钟点的产品或服务分别制定不同的价格。因为人们在不同的季节、不同时期甚至不同的钟点，对产品和服务的需求程度有明显的区别。所以旅游企业综合性的旅游产品可以根据旅游淡旺季、双休日、“黄金周”而制定不同价格。

3．竞争导向定价法

竞争导向定价法是指以同类旅游产品的市场竞争状况为依据，以竞争对手的价格为基础的定价方法。它主要表现为率先定价法和随行就市定价法。

（1）率先定价法

率先定价法是指旅游企业采取率先定价的姿态，制定出符合市场需求的价格，并能够在激烈的竞争中取得良好的经济效益的方法。采取这种定价方法的旅游企业，一般在某个区域内具有较强的规模和实力，在竞争中处于主动地位，能够成为当地旅游企业的龙头。

（2）随行就市定价法

随行就市定价法是指旅游企业以同行业的市场平均价格为基础，制定本企业产品的市场价格。这种方法制定出来的“平均价格”在人们观念中被认为是合理价格，易于被接受，也可以避免竞争，使企业获取稳定的市场份额。有时在行业中有少数企业处于垄断地位，这些企业起着价格领袖的作用，各个中小型企业为应付竞争就尾随其后，依据价格领袖的定价确定自己产品的价格。

二、旅游产品的定价策略

定价策略是指旅游企业贯彻定价目标和进行价格决策的具体措施。从旅游市场营销的角度出发，结合旅游企业经营活动的实际情况，目前我国旅游企业经常采用的主要产品定价策略有以下几种。

1．新产品定价策略

新产品刚刚投放市场时，一般没有竞争对手，定价可以比较灵活，既可通过高价格来弥补开发成本，又可采取低价格限制竞争，还可采取折中价格让消费者接受。新产品定价策略有撇脂定价策略、渗透定价策略和满意定价策略三种。

（1）撇脂定价策略

撇脂定价策略是指在产品投放市场时制定大大高于成本的价格。高价意味着将富有特色的高档旅游产品投入市场。“撇脂”的原意是指在鲜奶上撇取乳酪，含有取其精华之意。采取这种策略的企业一般认为产品刚刚进入市场，替代产品较少，价格弹性较小，可以在市场上一部分消费能力较高的旅游者中树立高价值、高质量的独特产品形象。它使旅游企业可以较快地收回产品研究和开发投资成本。当旅游者对产品不熟悉时，高价会给他们以优质产品的印象，而且即使市场认为最初的定价过高时，也可以通过降价来解决问题。

（2）渗透定价策略

渗透定价策略是指旅游企业为其产品制定一个相对较低的价格。旅游企业通过低价占领大量的市场份额，从而降低生产成本。采用渗透定价策略时，新产品的价格有可能接近当时的成本，但随着市场份额的不断扩大，经营规模也必然扩大，从而使产品成本降低，企业可以获得长远利润。例如，一直坚持低成本、低价格策略的春秋航空以网上直销为主渠道，通过“B2C”（商业机构对消费者）电子商务模式，减少代理环节，通过互联网将廉价机票直销给旅客，从而获得大量的市场份额。

（3）满意定价策略

满意定价策略是一种折中价格策略，它汲取上述两种定价策略的长处，采取比撇脂定价低但比渗透定价高的适中定价，既能保证旅游企业获得一定的初期利润，又能为旅游者所接受，因此，这种定价策略确定的价格称为满意价格，有时也称为“温和价格”或“君子价格”。

2．心理定价策略

心理定价策略要求旅游企业经营者在制定产品价格时，不能只考虑旅游者的理性分析，更应该关注旅游者的购买心理，利用旅游者的心理特征制定有利于提高利润的价格。心理定价策略主要有尾数定价策略、整数定价策略、习惯定价策略、声望定价策略和吉利数定价策略。

（1）尾数定价策略

尾数定价策略也称非整数定价策略，即给旅游产品制定一个以零头数结尾的非整数价格。心理学家的研究表明，消费者习惯上和心理上总是乐于接受尾数为非整数的价格。因为非整数价格容易使消费者产生企业定价认真负责，较为精确，而且产品价格低廉的感觉。一般来说，在中低档饭店，定价为 29.8 元的菜肴一般比定价 30 元的菜肴更畅销。

（2）整数定价策略

整数定价策略是指旅游企业在定价时，采用合零凑数的方法，制定整数价格。整数定价法认为，旅游者尤其是高消费水平的旅游者往往将整数价格看作高质量的表现，如豪华旅游团价格和高星级饭店客房价格通常采用整数定价策略。

（3）习惯定价策略

某些产品可能在市场上已经形成了一个固定价格，购买该产品的旅游者已经习惯这种价格，不愿意接受其他任何一种价格。如果产品价格高于这一价格，旅游者会认为不值；如果产品价格低于这一价格，旅游者又会认为生产商降低了产品的质量。对于这类产品的定价，一般应按习惯进行，不宜随便改动。

（4）声望定价策略

声望定价策略是指利用品牌效应制定高价的策略。当产品有较高知名度、质量优良时，制定高价可满足一部分旅游者显示身份、地位的心理需要。同样，在保证产品质量的前提下制定高价，往往会给旅游者以高价优质的感觉，也会增加产品的吸引力，产生扩大销售的良好效果。为此，旅游企业在设计产品时，如能安排旅游者入住著名饭店、在名人用过餐的地方就餐，利用名人效应提高产品的声望，必然会使旅游者在心理上得到极大的满足，更容易接受高价。

（5）吉利数定价策略

吉利数定价策略是根据消费者追求吉利的心理，在定价时加以适当应用的一种定价策略。例如，我国消费者认为 8、6 等是吉利的数字，把“8”引申为“发”，把“6”引申为“禄”或“顺”。因此，旅游企业在定价时应适当加以使用，选择一些吉利的数字，如“888”（谐音“发发发”）、“168”（谐音“一路发”）等，往往能收到较好的效果，但也应根据不同地区、不同民族的不同习俗，灵活运用这一策略。

3．促销定价策略

促销定价策略是指在制定价格时要考虑企业促销活动的需要，使价格的制定能够为促销活动服务。常见的旅游业促销定价策略有专门事件定价策略和季节折扣定价策略等。

（1）专门事件定价策略

专门事件定价策略是指企业专门组织活动，通过价格优惠进行促销，或利用节假日时机进行价格促销。采用这一策略，必须保证企业有足够的服务设施和服务人员。

（2）季节折扣定价策略

旅游市场是一个淡旺季明显的市场，容易出现在旅游旺季旅游产品供不应求，而在淡季时则普遍客源不足、服务设施和生产设备闲置的情况。为了控制旺季客人数量，刺激淡季旅游消费需求，旅游企业往往在淡季制定低于旺季的价格。在旅游淡季，旅游企业购买的各部分产品如饭店住宿费、交通费等，往往也会跟着降价，产品的成本随之下降，因此，在淡季降价并不意味着降低收益。

4．交易折扣定价策略

在旅游产品或服务的交易过程中，旅游企业为鼓励旅游者大量购买自己的产品或服务（如批量购买），促使旅游者改变购买时间（如提前预订）或鼓励旅游者及时付款（如一次性现金付款）等所给予一定的价格折让，这种策略称为交易折扣定价策略。

思考与练习

1．什么是旅游产品价格？它有哪些类型？

2．影响旅游产品价格的因素有哪几种？

3．常见的旅游产品定价方法有哪几种？

4．采取渗透定价策略应具备什么条件？

5．心理定价策略主要有哪几种？

第六章

旅游分销渠道策略

chapter 6

旅游产品从旅游企业到旅游者的过程，是通过一定渠道实现的，即在特定的时间、特定的地点，以特定的方式提供给特定的旅游者。由于旅游企业的选择不同，旅游产品的分销渠道也呈现出不同的状态。

学习目标

- 了解旅游分销渠道的概念
- 理解旅游分销渠道的管理
- 掌握选择旅游中间商的原则，能为不同的旅游产品设计分销渠道

案例导读

携程发力线下渠道　旅游门店欲挺进广东

继北京、四川、湖北、陕西、浙江五省市之后，携程旅行网门店再下一城，近期已在广东省完成前期准备工作，即将开门营业。

集中发力线下渠道，广开门店——这也是携程旅行网自2017年年初以来最为明显的动作。据了解，目前携程旅行网门店在五省市的分布基本集中在省会城市，且大部分选在了人流量较大的商店、超市门口或者大型住宅区附近。

这次，携程旅行网以自己的品牌挺进线下，三强合一，交由最擅长线下门店经营的旅游百事通来全权负责运营。再加上此前同程旅游、途牛旅游网等在线旅行网站也在着力进行线下渠道的建设，以及广东省本土的广之旅、南湖等老牌旅行社，线下之争已成定局。

2017年注定是在线旅行网站大规模对整个旅游业和消费链条集中渗透的一年，甚至将影响到整个行业的格局。一方面，因为模式和资源的差异，在线旅行网站在线下的竞争会非常激烈；另一方面，单打独斗的旅行社门店也将面临巨大的冲击。

思考：携程旅行网作为著名的在线旅行网站平台，此次进军线下渠道对旅游行业有何影响？

案例扩展阅读 ------>

第一节　旅游分销渠道概述

一、旅游分销渠道的概念

1．分销渠道

分销渠道又称营销渠道，是指某种商品和服务从生产者向消费者转移的过程中，取得这种商品和服务的所有权或帮助所有权转移的所有企业和个人。该渠道包括商人中间商（因为他们取得所有权）和代理中间商（因为他们帮助转移所有权），还包括处于渠道起点和终点的生产商和最终消费者。例如，饭店客房的分销渠道可能有饭店—饭店销售部门—旅行社—旅游者等。

2．旅游分销渠道

旅游分销渠道是指旅游产品和服务从旅游企业（旅游产品的初始供给者，包括旅游中间商）向旅游者转移过程中所要经过的各个环节连接起来所形成的通道或途径。

需要注意的是，旅游分销渠道的起点是旅游产品的生产者和供应者，终点是旅游者，旅游分销渠道是由从起点到终点的各个流通环节组成的系统。在旅游分销渠道中，旅游产品和服务被转移的只是其一段时间的使用权，而非永久使用权，更不是所有权。旅游分销渠道的中间环节包括各种代理商、批发商、零售商、其他中介组织和个人等。

二、旅游分销渠道的作用

旅游产品需要通过各种途径和方式，才能实现销售。在旅游产品和服务与旅游者之间，旅游分销渠道的成员执行了一系列重要职能，包括信息收集、促销、谈判、签订订单、融资、承担风险、付款等。具体来讲，旅游分销渠道具有以下作用。

1．承担营销职能，促进产品销售

旅游中间商参与旅游产品的营销，可以为旅游产品生产企业在市场调研、广告宣传、产品销售等方面分担部分营销职能，使旅游企业有更多的精力用于产品的改进、新产品的开发及扩大再生产。

案例思考

享受公司合同价

A公司与广州某著名饭店签订了优惠住房合同：该公司的职员因公务入住该饭店时，可享受客房优惠价格。2018年10月8日，A公司刘先生要求入住该饭店，但因未能出示公司证明，前台接待员未允许其以优惠价格入住。刘先生非常生气，经协商后，刘先生先以普通客户价格入住，待提供证明后，再更改房价。第二天，饭店方收到A公司证明后，根据合同将刘先生的房价调整为合同价。

思考：该饭店为什么要与A公司签订优惠住房的合同？

分析：为更好地组织、招徕客源，增加饭店产品的销售量，饭店对客源分销渠道进行扩充。饭店签订合同来组织客源，就要根据合同来接待顾客，案例中A公司是饭店开发客源的渠道之一。

2．提供组合产品，满足市场需求

任何一个旅游企业均不能向旅游者提供旅游活动中食、住、行、游、购、娱等环节所需的各种旅游组合产品，而旅游中间商则可与多家旅游企业相联系，并具有对多种旅游产品进行加工、组合的能力。为满足旅游者多方面的需要，旅游中间商能够将各种旅游产品组合起来，形成系列化旅游产品，提供给旅游者。

3．联系供求双方，促进信息交流

旅游中间商是联系旅游产品供给者和购买者的桥梁。一方面，旅游中间商把供给者产品的有关信息传递给购买者，增进他们对产品的了解，从而促使他们购买；另一方面，旅游中间商最了解市场动态，并可及时地把这些信息传递给旅游产品供给者，以减少和避免生产中的盲目性，帮助供给者不断根据市场需求的变化，提供适销对路的产品。由此可见，旅游中间商促进了供求双方的信息沟通。

三、旅游分销渠道的类型

旅游产品从旅游企业到达旅游者的过程中，受多种因素的影响，如市场特点、旅游产品特点、旅游企业自身条件、旅游中间商和旅游者等，使得旅游产品分销渠道的形式呈现多样化。即使是同一种旅游产品，也有可能通过不同的营销渠道销售。根据不同的划分标准，旅游产品有多种分销渠道类型。

1．根据是否有旅游中间商划分

根据是否有旅游中间商，旅游分销渠道可分为直接销售渠道和间接销售渠道，两者的具体内容见表6—1。

表6—1　　直接销售渠道和间接销售渠道

	直接销售渠道	间接销售渠道
含义	旅游产品直接由旅游企业销售给旅游者，中间不经过任何环节	旅游产品通过一个或者多个旅游中间商提供给旅游者
特点	主要依靠旅游企业的销售部门进行旅游产品的销售，没有其他企业介入，没有层次环节之别，结构单一，是传统的销售方式	一个旅游企业往往有多个间接销售渠道，间接销售渠道是旅游企业主要的销售渠道
优势	可以使旅游企业对目标市场进行直接、有效的管理	通过间接渠道销售产品，提高了旅游企业市场扩展的可能性，减少了与旅游者的接洽次数，从而节省了旅游企业的人力和物力
适用	旅游企业的目标市场比较集中时，能够降低产品流通成本	在旅游目标市场比较分散的情况下，能够降低旅游企业销售成本
模式	旅游企业→旅游者	1．旅游企业→旅游零售商→旅游者 2．旅游企业→旅游代理商→旅游批发商→旅游零售商→旅游者

知识链接

旅游企业采用直接销售渠道的优点

采用直接销售渠道，可以使旅游企业对目标市场进行直接、有效的管理。一方面，旅游企业可以直接获得目标旅游者的相关信息，建立客户档案，从而能更了解旅游者的需求和特点，不断完善旅游产品，提高旅游产品的质量；另一方面，由于中间没有经过其他环节，可以减少旅游产品在转移过程中的负面影响，以更有竞争力的价格提供给旅游者，从而使旅游者能对旅游企业有正确、直接的了解，有利于树立旅游企业的形象，如旅游者可以亲自考察、体验旅游产品的质量、价格，避免由于旅游中间商的宣传和旅游者的理解不同而引起的误解。

间接销售渠道根据中间环节的多少分为一级间接销售渠道和多级间接销售渠道。

一级间接销售渠道是指旅游产品通过一个旅游中间商环节提供给旅游者，多级间接销售渠道是指旅游产品通过两个或两个以上的旅游中间商环节提供给旅游者。例如，一位美国旅游者想来中国旅游，他向一家美国旅游零售商作了预订，旅游零售商又向一家旅游批发商预订，旅游批发商又同一家中国旅行社联系落实该旅游者游览活动的日程安排，最后由中国旅行社安排该美国旅游者的旅游行程。在这个过程中，旅游产品通过美国的旅游零售商、美国的旅游批发商、中国的旅行社三个中间商环节提供给美国的旅游者。

2．根据旅游中间商的环节划分

旅游产品销售渠道的长度是指旅游产品从旅游企业卖出开始到旅游者购买为止整个过程中所经过的中间机构（中间商）的环节。根据整个过程中旅游中间商环节的划分，分销渠道可以分为长渠道和短渠道。长渠道和短渠道没有明确的划分尺度，一般来讲，中间商环节越多，旅游产品销售渠道越长，旅游企业对销售渠道的控制能力越弱；中间商环节越少，旅游产品销售渠道越短，旅游企业对销售渠道的控制能力越强。旅游市场营销的长渠道与短渠道模式如图 6—1 所示。

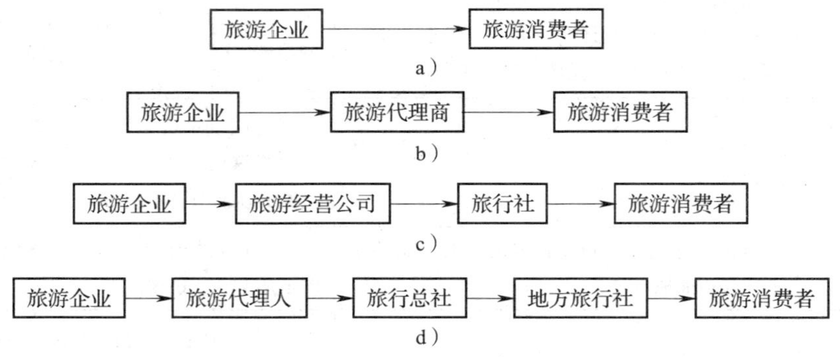

图 6—1　旅游市场营销的长渠道与短渠道模式

a）无中间环节的营销渠道　b）两个环节的营销渠道　c）三个环节的营销渠道　d）四个环节的营销渠道

3. 根据旅游产品销售渠道的宽窄程度划分

旅游产品销售渠道的宽度是指在每个销售环节中，同类型中间商数目的多少，即旅游产品销售网点的多少和分配情况。同一环节的旅游中间商越多，渠道就越宽；反之，渠道就越窄。宽渠道使得旅游产品的市场覆盖面很广，旅游企业对销售渠道的控制能力较弱，主要适用于旅游者分散或大众化的旅游产品。专业性较强或费用较高的旅游产品，则主要通过窄渠道进行销售。因为这些产品在市场上的销售面较窄，即使使用大量同类旅游中间商，销售面也难以有效扩大。因此，窄渠道的销售网点较少，旅游企业对销售渠道成员的控制能力较强。旅游市场营销的宽渠道与窄渠道模式如图 6—2 所示。

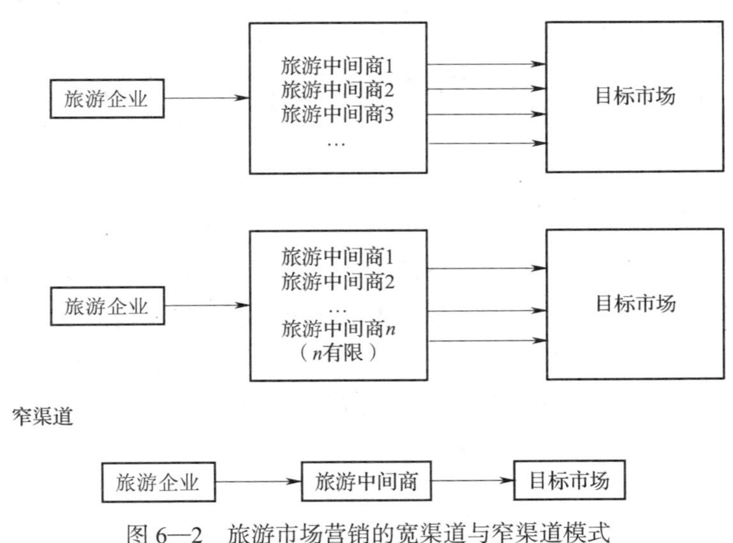

图 6—2　旅游市场营销的宽渠道与窄渠道模式

第二节　旅游分销渠道策略运用

一、旅游分销渠道的管理

旅游产品分销渠道是否能够达到最终的销售目标，取决于旅游企业对分销渠道的管理。由于分销渠道成员都是独立的企业，都有自己的经营目标，因此管理难度很大。旅游企业如何调动旅游中间商的积极性、主动性，减少各渠道成员之间的冲突，是旅游产品销售渠道管理的主要内容。

1．旅游中间商的选择、合作与激励

旅游中间商是指介于旅游生产者和旅游购买者之间，专门从事旅游产品市场营销的中介组织和个人。如果旅游企业采用间接销售渠道，旅游中间商的选择就显得非常重要。选择旅游中间商主要是为了解决两个问题：一是能在恰当的时间和地点将旅游企业的产品信息传递给目标市场；二是为旅游者提供方便的购买地点和便利的销售服务。问题解决的好坏，很大程度上取决于所选择的旅游中间商的质量。

加强与旅游中间商的合作，调动他们的积极性，是旅游企业分销渠道管理的重要任务之一。旅游中间商和旅游企业是相互独立的，旅游中间商为了自己的经营目标，会同时推销多家旅游企业的产品，这些旅游产品既可以组合成综合性产品，又可以是相互竞争的产品。

旅游中间商选择什么旅游产品取决于和旅游企业的合作程度。因此，旅游企业应关心和重视对中间商的优惠与奖励措施，加强与中间商的合作。首先，应维护中间商的尊严，尊重中间商的利益，加强与中间商的沟通，如有分歧，应本着友好协商的原则，以期达到双赢的目的。其次，给中间商以更多的优惠，增加中间商的收入。旅游企业可以根据中间商的营销能力、资信状况给不同的中间商以不同程度的价格优惠。最后，给予中间商优惠的形式要多样，方法要灵活，如减收或免收预订金、邀请中间商参加体验产品的旅游活动、联合宣传和促销、赠送礼品等。

2．分销渠道成员之间冲突的管理

在分销渠道的管理中，除了加强与旅游中间商的合作之外，旅游企业还必须处理好渠道成员之间的冲突。旅游企业经常选择多个中间商销售产品，由于各自的需要和动机不一样，中间商常常会因竞争而发生冲突。冲突一旦发生，会对整个分销渠道产生不利的影响。这些冲突既存在于分销渠道同一环节的成员之间，如为争夺客源，同一环节的旅游销售商之间的冲突；也存在于同一渠道的不同环节之间，如旅游批发商同旅游零售商的冲突、旅游零售商与旅游者的冲突。这些冲突是不可避免的，因此必须对冲突进行合理有效的管理。

旅游企业应深入了解每个重要渠道成员的实际需要及满足程度，根据旅游中间商的不同要求采取相应的措施。例如，当旅游代理商希望饭店能给予其更大的房价优惠时，饭店可根据具体情况在一些有希望增加预订量的房型上给予最优惠的房价；当旅行社希望在旅游旺季时能有优先预订权，并延长保留客房的时间时，饭店可根据其取消预订率的高低给予适当的满足等。

当渠道成员之间发生冲突时，旅游企业不能听之任之，因为发展下去只能是损坏各方的利益。解决冲突最有效的办法是加强与各渠道成员之间的联系，定期举办各种座谈会，把分销渠道成员聚在一起，相互沟通，消除分歧。

3．分销渠道的效率评估

旅游中间商选定后，并不是一成不变的。为了达到分销渠道的目标，旅游企业在建立一整套科学的评价体系或评价标准后，要采取切实可行的办法对旅游中间商的工作绩效进行检查和评估，对于做出重大贡献的旅游中间商要予以奖励；对于绩效一般或低于企业要求的旅游中间商，要找出原因予以补救；对于业绩特别差的旅游中间商，应予以剔除，以保证渠道的效能。分销渠道的评估可以从定性指标和定量指标两个方面进行，具体见表6—2。

表6—2 分销渠道评估指标

定性指标	定量指标
分销渠道成员之间的关系质量：成员之间的关系及配合程度、协调程度、冲突大小、对渠道的约束能力	销售指标：销售量、销售额、顾客满意率、中间商销售量占旅游企业产品总销售量的比重、销售产品的时间周期
分销渠道营销能力：对客户的服务水平、市场信息反馈能力、应变能力、销售产品的积极性	费用指标：经营费用、客户管理费用、中介费用

4．分销渠道的调整

旅游市场需求是变化的，为了适应多变的旅游市场，确保分销渠道的畅通和高效，旅游企业需要对其分销渠道进行调整。调整分销渠道的主要方式有以下几种。

（1）增减渠道成员

这主要是从销售渠道的宽度考虑，可以增减旅游中间商的数量，也可以在旅游中间商数量不变的情况下，增减个别旅游中间商。在增减旅游中间商的过程中，要充分考虑这种增减对旅游产品销售的影响，也要考虑这种增减在其他渠道成员中可能引起的反应。

（2）增减销售渠道

若增减旅游中间商仍不能解决问题，就要考虑增减销售渠道。例如，某销售渠道的旅游产品的销售量一直不理想，而且有些渠道的作用不大，问题又不是出在旅游中间商的数量上，就可以考虑撤销这种销售渠道；或者发现现有的渠道过少，不利于旅游企业扩大市场份额的需要，就可以另外增设其他销售渠道。

（3）调整整个分销渠道系统

当旅游企业的销售存在严重问题时，就需要重新审视，通盘调整，改变旅游企业的整个分销渠道。这种策略实施时，对旅游企业的影响是非常巨大的，这意味着要取消原有的所有销售渠道，重新进行销售渠道的设计，因此，采取这种策略时应该谨慎。当旅游企业原有的渠道产生了无法解决的矛盾，造成整个销售渠道的混乱，以致无法帮助企业销售产品时；当旅游企业没有经过认真、科学的分析，盲目选择销售渠道，导致整个渠道无法有效地开展销售工作时；当旅游企业对自身的战略目标和目标市场进行重大调整时，均应对销售渠道模式进行重新设计和组建。

以上三种调整分销渠道的方式难度依次加大，尤其是第三种方式，它将改变旅游企业的整个分销渠道，并将引起旅游市场营销组合的一系列变化。旅游企业的分销系统需要何种程度的调整，应视具体情况而定。

二、旅游分销渠道的发展

随着旅游市场的不断发展和完善，旅游市场竞争越来越激烈，旅游企业依靠单一的营销力量和手段进行市场营销已显得越来越落后，旅游市场营销渠道日益复杂，出现了以旅游市场营销渠道联合化为主要特征的发展趋势。同时，新兴信息技术的迅猛发展和互联网技术的普及，使网络营销方式更多地出现在旅游业的营销之中。就目前而言，旅游分销渠道正在向以下三个方向发展。

1．分销渠道逐步“短宽化”

由于市场环境的变化，越来越多的旅游企业开始注重销售渠道的重组，重新选择分销渠道，采取短宽型渠道将分销渠道“短化”和“宽化”。随着市场竞争的加剧，旅游企业日益关注市场，希望直接面对消费者，掌握市场信息，减少中间环节，降低产品价格，进行更积极的营销。同时，旅游客源市场的广泛性、分散性，决定了旅游企业应当将渠道“宽化”，以满足市场需求。“短宽化”的营销渠道能使旅游企业更主动、更全面地开发市场和控制市场。

2．渠道成员合作加强，整合市场营销渠道应运而生

传统的旅游市场营销渠道是由相互独立的经营实体组成的，渠道成员之间的关系是“你”和“我”的关系，不是“我们”的关系，渠道成员为了各自利益的最大化，有时甚至不惜牺牲整个渠道和旅游企业的利益，从而引发彼此之间的矛盾和冲突，导致整体利益的缩小，最终损害自身利益。为了解决这种矛盾，新型整合市场营销渠道应运而生，联合市场营销渠道共同分担营销费用，协商进行营销传播、品牌建设、产品促销等方面的活动，使旅游企业、批发商、零售商之间的关系由“你”和“我”的关系变为“我们”的关系，从交易型向伙伴型转变。

3．网络营销日渐流行

网络营销是指为实现旅游企业的营销目标，借助互联网进行的一系列商务活动。网络营销主要包括网上广告、订货、付款、客户服务和货物递交等售前、售中、售后服务，以及市场调研分析、财务核算和生产安排等。互联网的应用使信息交换和处理变得简单和便捷，使旅游产品的生产者和消费者在网上直接进行沟通和交易成为可能。在信

息技术的影响与支撑下，未来的旅游分销渠道将充分体现快速、高效、便捷等特点，旅游供应商所提供的旅游产品更加多样化、人性化、电子商务化，旅游供应商市场的竞争也将进一步加剧，而旅游者的选择空间更加自由、广阔。

案例思考

千岛湖的大网络营销

千岛湖旅游景区位于杭州市淳安县内。为开辟旅游市场、扩大旅游销售，千岛湖旅游景区决定发展网络营销。针对网络意识淡薄、对网络营销整体投入不够、复合型人才匮乏、在线交互实时性差等缺陷，该县从政府层面的外部环境和企业层面的内部环境两方面入手，实现旅游企业网络营销的突破。其中，政府层面的做法是：整合资源，构建平台；政策鼓励，引导扶持；技术支持，提供后盾；人员培训，提升层次。企业层面的做法是：建立一个适合自身的网站，引进与培养网络营销人才，进行多方式、多渠道推广，线上线下充分交流，最大化地利用专业旅游网站、网络社区、论坛、微博、微信等第三方平台，实现可持续发展。

思考：千岛湖的大网络营销的意义是什么？

分析：随着网络的普及和网民消费行为的转变，旅游市场营销所面临的外部和内部环境已经发生了深刻的变化，淳安县与时俱进，深入而合理地利用网络资源，有效开展网络营销，能够使企业抓住先机，占领市场制高点，形成良好的美誉度和忠实的品牌用户群，在未来的市场竞争格局中占据了有利地位。

思考与练习

1．什么是旅游分销渠道？其作用有哪些？

2．旅游产品有哪些分销渠道类型？这些分销渠道类型各有哪些优缺点？

3．旅游企业如何对分销渠道进行管理？

4．简述旅游企业分销渠道的现状与发展。

第七章

chapter 7

旅游促销策略

成功的市场营销活动，不仅需要制定适当的价格、选择合适的分销渠道向市场提供令旅游者满意的产品，而且需要采取适当的方式同旅游者、旅游中间商等进行深入的沟通。怎样进行沟通，其时间、内容、方式、效果如何，这些都是促销所要解决的问题。由于旅游者不可能充分了解每个旅游产品，加之旅游业激烈的市场竞争，旅游企业需要通过促销向旅游者传递其产品信息和能为旅游者带来的利益。

学习目标

- 明确促销和促销组合
- 理解促销组合策略和营销因素
- 掌握旅游促销的相关策略

案例导读

香格里拉酒店集团全新品牌形象广告

2010年夏天，香格里拉酒店集团在全球隆重推出其全新制作的品牌形象电视广告。广告主题为“至善盛情，源自天性”，创意大胆、风格前卫，一改普通广告不厌其烦地介绍酒店豪华设施的陈旧套路，在不呈现任何酒店场景镜头的情况下，传达了香格里拉酒店集团的独特服务理念，将集团想要表达的价值观以及定位“间接”地传达给受众。这支广告传达了香格里拉酒店集团在过去40年里所恪守的独特服务理念，证明香格里拉成为亚太地区最佳豪华酒店集团实至名归。

由奥美广告公司和国际知名商业导演布鲁诺设计创意，该广告将观众的视线带入极端的自然环境地区，只为传达一个简单而普遍的真理——至善真诚，莫过于对陌生人送上无微不至的关怀。广告外景选在积雪覆盖的雪山上，故事由一个迷路的旅行者在寒冷的暴风雪中苦苦寻找一个落脚点展开……

思考：香格里拉酒店集团这种独辟蹊径的品牌理念对打破人们对饭店行业的固有认知起到了关键作用。这支广告为香格里拉在全球范围内提升品牌价值发挥了怎样的作用？

案例扩展阅读 ------>

第一节　旅游促销与促销组合策略

一、旅游促销

所谓促销，就是让消费者及时和尽可能多地了解产品，以达到加快销售速度的目的。常见的促销手段有人员推销、销售促进、广告、公共关系和网络营销。

旅游促销是旅游企业通过广告、人员推销、销售促进和公共关系等各种营销手段，向旅游者传递旅游产品与服务的有关信息，以实现旅游企业与旅游者之间的有效沟通，引发、刺激旅游者的消费欲望和兴趣，从而影响旅游者购买行为和消费方式的活动。旅游促销的根本目的在于激发旅游者的购买欲望，最终导致购买行为发生。

旅游促销行为又可分为两部分：第一，鼓动型宣传，又称形象宣传，旨在树立本国或本地旅游企业的形象，提高在客源市场的知名度，促使打算出游的旅游者做出倾向性选择（这主要是政府及旅游行政管理单位市场开发和促销部门的任务）。第二，推销型宣传，重在向那些已经有意选择本企业产品的旅游者提供详细的销售信息，如旅游内容、交通、到达目的地后的住宿条件等，促使其下决心购买（这部分工作主要由旅游企业、旅行社、航空公司的销售部门来承担）。

旅游促销在提供旅游信息、沟通供求联系、突出产品特点、强化竞争优势、树立企业形象、加强市场地位、刺激旅游需求、引导旅游消费等方面发挥着重要作用。

案例思考

泰国清迈的文化营销

电影《泰囧》上映后在中国引起了强烈反响，这部并不明显展现外景地的电影却奇迹般地催旺了清迈旅游业。2013 年 4 月在清迈举行的泰国传统泼水节几乎变成中国人的节日。据泰国观光饭店业协会北部分会的负责人透露，泼水节期间清迈的饭店预订中，中国旅游者占 55%。有数据显示，在《泰囧》未播出前，2012 年泰国共接待了 270 万名中国旅游者，但其中只有约 10 万人是去清迈的。

思考：《泰囧》对清迈旅游业产生了什么影响？

分析：泰国清迈通过影视剧迎合市场，刺激旅游需求，引导清迈当地的旅游消费。资深旅游文化专家表示，《泰囧》迎合了搞笑通俗的大众娱乐趋势，观影者甚多，起到的促销作用比较大。而泰国本身就是中国旅游者重要的旅游目的地，清迈在影片里清新优美的形象，有利于克服旅游者对泰国游的审美疲劳。

二、旅游促销的基本策略和组合策略

1. 旅游促销的基本策略

旅游促销的基本策略可分为推式策略和拉式策略。

（1）推式策略（见图 7—1）

推式策略是旅游企业把沟通与促销的重点放在旅游市场营销渠道上，旅游企业紧盯旅游中间商，积极开辟营销渠道，运用物质和精神手段激发旅游中间商对本企业产品的兴趣，并积极经销或代理，通过中间商把旅游产品销售给目标市场旅游者。

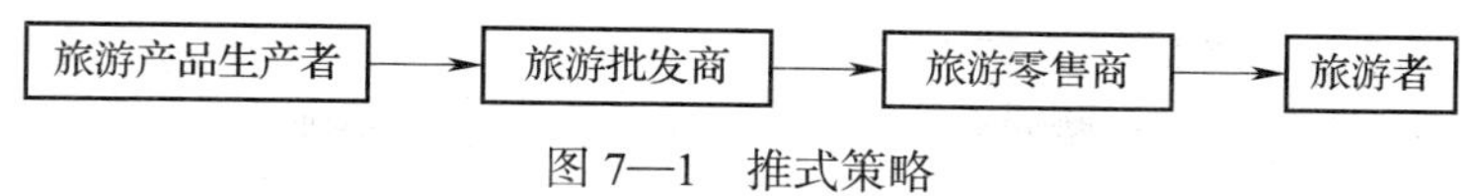

图 7—1　推式策略

（2）拉式策略（见图 7—2）

拉式策略是旅游企业把沟通与促销重点放在潜在旅游者方面，通过广告等促销组合策略吸引旅游者，激发旅游者的购买欲望，促使其产生购买行为。

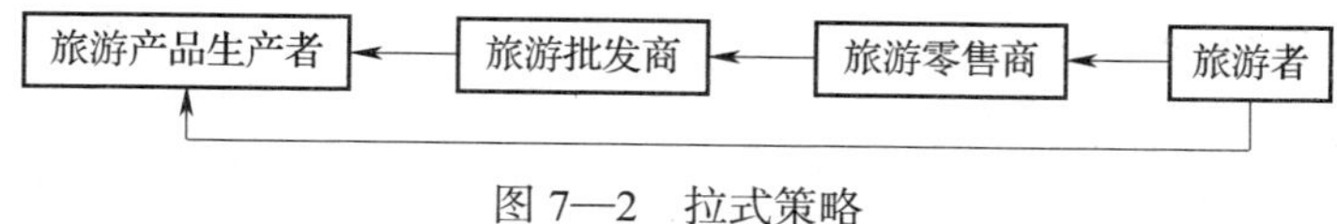

图 7—2　拉式策略

在旅游市场营销实践中，大多数旅游企业会把这两种策略结合使用。

2．旅游促销组合策略

（1）旅游促销组合的概念

促销组合是指企业根据产品的特点和营销目标，综合考虑各种影响因素，对人员推销、广告、公共关系和销售促进等各种促销方式的选择、搭配和运用。

旅游促销组合是指旅游企业为了达到最佳的促销效果，根据市场的具体特点，对各种促销方式进行不同的选择和组合，制定出有效的组合策略。旅游促销组合是旅游促销策略的前提，因此旅游促销策略也称旅游促销组合策略。

（2）影响旅游促销组合策略的因素

1）促销对象。促销对象主要是指面向大众旅游者还是组织购买者或旅游中间商。广告一直是针对大众旅游者的主要促销工具，而人员推销则主要针对组织购买者和旅游中间商。

2）促销目标。促销目标是指旅游企业从事促销活动所要达到的目的。促销组合和促销策略的制定，要符合企业的促销目标，根据不同的促销目标，采用不同的促销组合和促销策略。

3）产品生命周期。在产品生命周期的各个阶段要相应选配不同的促销组合，采用不同的促销策略。在产品投放期，以广告与公共关系为主，以促进旅游者对旅游产品的了解，提高产品的知名度；在产品成长期，以劝说性广告为主并强化公共关系，宣传旅游产品特色，扩大市场占有率；在产品成熟期，以人员推销和广告为主，配合销售促进，稳定客源，吸引潜在旅游者；在产品衰退期，采用提示性广告来挽留老客户，采用销售促进吸引旅游者购买。

4）市场条件。市场条件不同，促销组合与促销策略也有所不同。一方面，在有竞争者的市场条件下，制定促销组合与促销策略应考虑竞争者的促销形式和策略，要有针对性地不断变换自己的促销组合与促销策略。另一方面，还要根据目标市场地理范围的大小、市场类型，以及旅游者数量、集中程度采用不同的促销策略。如果旅游企业的目标市场规模小且相对集中，应以人员推销为主，销售促进为辅；相反，如果目标市场规模大且分散，则应以广告促销为主。

5）促销预算。费用是企业经营者十分关心的问题，因为企业能够用于促销活动的费用总是有限的。企业应在满足促销目标的前提下做到促销效果好而费用低。在确定促销预算额时，除了考虑营业额外，还应考虑促销目标的要求、产品生命周期等其他因素。

（3）旅游促销组合策略的制定

旅游促销组合策略的制定一般包括以下几个步骤：确定目标受众、制定促销目标、确定促销费用、选择促销组合和控制促销活动。

案例思考

“小记者们”的愉快旅行

某市电视台办了一期“三色光小记者培训班”。在培训班即将结束时正值暑假来临，该电视台打算组织培训班的孩子们去旅游。该市的电视旅行社得知此情况后，联系到了这次组团业务，开发设计了以江浙地区为目的地的“小记者修学七日游”产品。由于该期培训班人数不多，为扩大客源，旅行社决定将“修学游”产品推向市场。

电视旅行社的工作人员首先做了市场调研和预测，了解到：该市的中小学生以及家长、教育机构，普遍赞同孩子暑假出行，但对修学游这种出行方式了解不多。根据这一调研情况，电视旅行社制定了“修学游”产品的推广方案。

首先，邀请家长们参加了“修学游说明会”，为家长们解惑答疑，使他们安心、放心地让自己的孩子去参加“修学游”。

电视旅行社的外联人员分别到一些中小学学生培训机构，详细地向机构负责人和老师介绍“修学游”产品行程及活动安排。培训机构普遍认为，参观某电视台并与该台青少年部联欢、游东方明珠电视塔等旅游项目，不仅适合青少年的旅游需求，而且符合培训初衷，表示将认真考虑“修学游”产品。另外，外联人员还就培训机构较敏感的组团价格，提出了切实可行的合作方案。

与此同时，电视旅行社还利用与电视台的关系，播放主题为“修学游，暑假生活真不同”的广告，以更迅速、及时、生动直观的方式，在更大的范围内宣传推广“修学游”。

第一个“修学游”团回来后，孩子们中有的拍了照片，还有的拍了视频作品。旅行社负责人灵机一动，发起了“修学游”图片展和“我的难忘经历”作品征集活动，让孩子们的修学游更值得回味，侧面起到宣传“修学游”产品的作用。

思考： 电视旅行社的“修学游”产品是怎样成功地打开市场的？

分析： 通过对电视旅行社成功促销案例的分析，我们可以看出，该旅行社之所以能够成功地销售“修学游”产品，与其采用的促销组合方式有很大的关系。首先，该旅行社针对“修学游”产品的潜在消费者——在暑期参加各种培训的中小学学生相对集中的特点，采取了人员促销的策略。这种促销策略命中率高的特点，使得旅行社能够提高其产品的销售效率。其次，该旅行社在广告媒体的使用方面也有独到之处。旅行社充分开发自身的优势资源，利用与电视台得天独厚的关系，以绝大多数旅行社所不敢采用的电视广告形式向广大中小学生及家长进行促销，对于该社推出的“修学游”产品的销售起到了重要的促进作用。最后，该旅行社重视后续服务和宣传，为日后的产品销售打下了良好的基础。

第二节　旅游广告与旅游公共关系

一、旅游广告

广告是指广告主以付费的形式通过媒体做公开宣传，达到影响消费者行为、促进相关产品销售目的的非人员促销方式。广告以其大众化、重复性和表现力而成为一种富有大规模激励作用的信息传播技术，可以将一个明确的信息在很短的时间内传达给很多的人。

1. 旅游广告的概念

旅游广告是指旅游目的地国家或地区、旅游组织或旅游企业作为发起者，以公开付费的形式，通过各种媒体向目标市场的公众传播旅游产品或旅游企业的有关信息，以扩大影响和提高知名度、树立旅游形象的一种促销形式。

2. 旅游广告的特点

旅游广告主要具有四个方面的特点：①广告是以广大旅游者为对象的大众传播活动；②广告以传播旅游产品或旅游企业有关经济信息为内容；③广告是通过特定的媒体来实现的，并且广告主（旅游目的地国家或地区、旅游组织等）要对使用的媒体支付一定的费用；④广告的目的是为了促进旅游产品销售，进而获得较好的经济效益，其作用是长期的、潜移默化的。总之，旅游广告所具备的相关特点，使其对刺激旅游消费有举足轻重的作用。

案例思考

世界上最好的工作

澳大利亚昆士兰观光旅游局网站曾发布招聘广告，并为此专门搭建了一个名为“世界上最好的工作”的招聘网站。网站提供多国语言版本，短短几天时间吸引了超过30万人访问，甚至一度导致网站崩溃而无法浏览，官方不得不临时增加数十台服务器。其招聘信息如下：

时间：一周工作12小时。

内容：喂鱼、游泳、潜水、划船等。每周写博客、上传视频、接受媒体采访，向全球宣传大堡礁。

工资：半年15万澳元。

福利：带3个卧室和独立游泳池的住宅，工作者可以携带自己的家人或朋友到岛上一同生活。

在大堡礁居住已经很吸引人了，而且成功的申请者在合同期内的工资和福利还如此诱人，在一个全球就业形势并不景气的时刻，澳大利亚昆士兰观光旅游局推出“世界上最好的工作”，无疑吸引了无数人的眼球，得到很多的关注，甚至吸引了众多媒体为其免费报道，迅速打开了大堡礁的知名度，使得慕名而来的人数明显增多。在这之前，我国国内去澳大利亚旅游的人虽多，但是对于大堡礁却是缺乏了解的，澳大利亚昆士兰观光旅游局趁此契机成功地打开了中国这个巨大的市场。据昆士兰观光旅游局称，至“全世界最好的工作”全球招聘活动报名截止，这项活动带来的公关价值已经超过七千万美元。

思考：该招聘网站的广告通过传递什么信息吸引了旅游者？

分析：该招聘网站通过传达符合旅游者利益追求的有关旅游产品功能、经济性、价值的信息，如在大堡礁居住、半年工资15万澳元等，并结合全球就业形势不景气的现状，人们对安稳工作的内心诉求，引起旅游者的兴趣。

3. 旅游广告的形式

广告媒体种类繁多，主要有报纸、杂志、户外广告、广播、电视、互联网等。旅游企业可通过选择最佳的广告媒体形式，把旅游广告信息有效地传递给目标受众。各类广告媒体的形式及特征见表7—1。

表7—1　广告媒体的形式及特征

广告媒体形式	优点	缺点
报纸	制作简便，覆盖面较广，费用低，易查询	表现力差，感染力弱
杂志	针对性强，图文并茂，表现力强，保存价值较高	时效性差，传播范围窄，费用较高
户外广告	醒目，周期较长，沟通成本低	信息量少，针对性差，受地域限制

续表

广告媒体形式	优点	缺点
广播	传播及时，灵活，费用低，覆盖面广	缺乏视觉冲击，表现力差，不便查询
电视	直观、真实、生动，表现力强，覆盖面广，传递信息及时	制作费用高，传播时间短，不便查询
直邮广告	针对性强，灵活多样，不受时空限制	费用高，费时费力，使用不当会使收件人反感
POP 广告（售货点广告和购物场所广告）	现场氛围较好，陈列展示效果较强，集中提供信息	受场地限制，范围窄
互联网	传递信息量大，迅速、更新快，易于查询，可打破时空限制，互动性强，信息反馈及时，费用低	缺乏监管，可信度受影响

4. 旅游广告的实施

旅游企业在运用旅游广告进行促销时，必须进行精心的策划，才能发挥旅游广告的作用。旅游广告策略的实施主要包括以下六个步骤（见图 7—3）。

二、旅游公共关系

公共关系是指某一组织为改善与社会公众的关系，促进公众对组织的认识、理解及支持，达到树立良好组织形象、促进产品销售的目的而从事的一系列促销活动。公共关系是一种状态，任何一个企业或个人都处于某种公共关系状态之中，公共关系又是一种活动，当一个企业或个人有意识地去改善自己的公共关系状态时，就是在从事公共关系活动。

1. 旅游公共关系的内涵

旅游公共关系指旅游企业在从事市场营销活动中，为正确处理企业与社会公众的关系、树立企业的良好形象、促进旅游产品的销售而从事的一种活动。

公共关系由主体、客体、手段三大要素构成。旅游公共关系的主体是各类旅游组织，客体是公众，手段是信息传播。旅游公共关系的公众包括旅游者和潜在旅游者、员工和员工的家庭、股东和所有者、竞争企业、关联企业（旅游批发商、旅游代理人、供应商、咨询机构等）、行业团体、当地社区、政府、媒体、金融机构等。公众具有促进和阻碍旅游企业达到其目标的能力，旅游企业应该采用具体的步骤来处理与其有关的公众的关系。

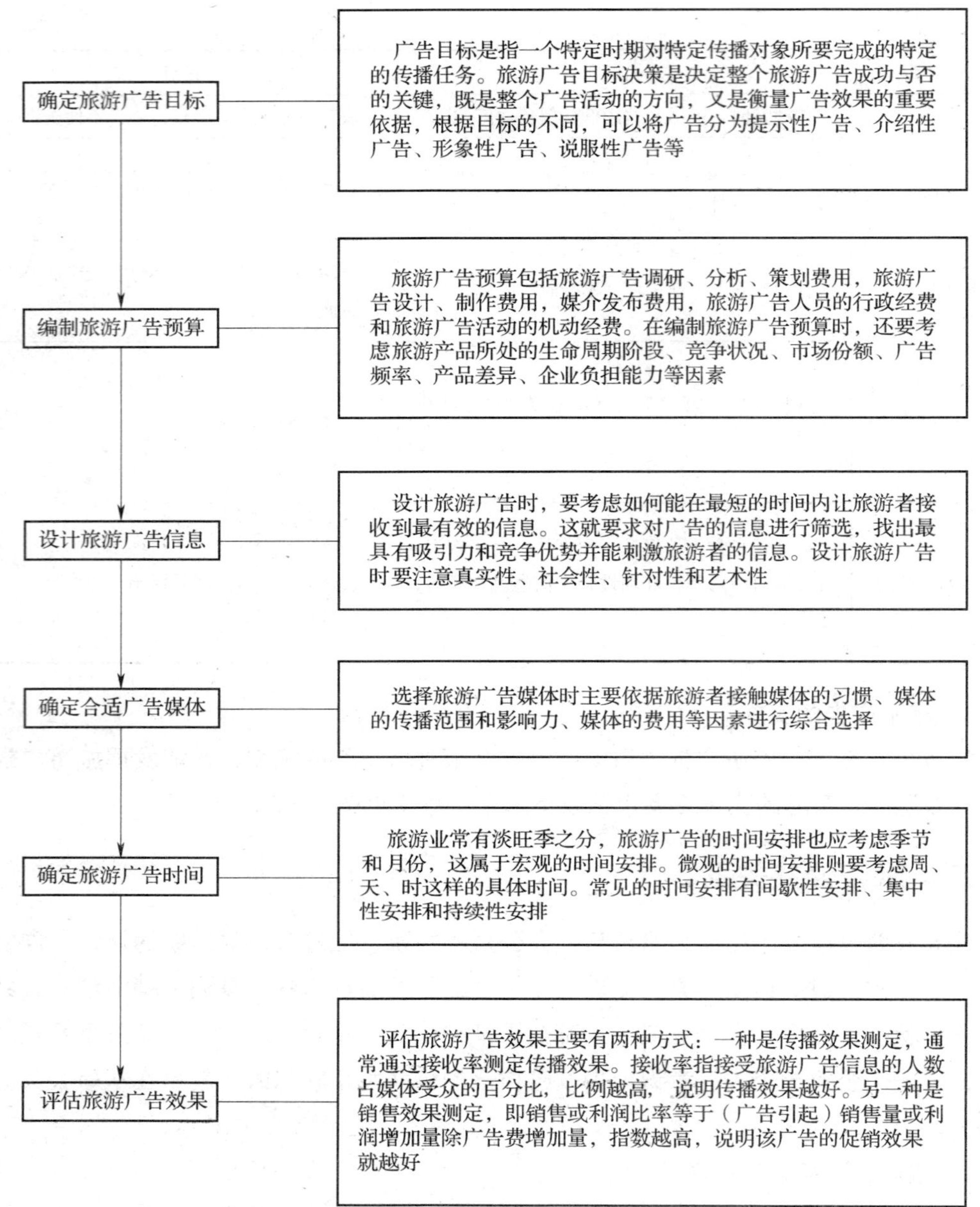

图 7—3 旅游广告策略的实施步骤

旅游产品丰富的内涵和繁多的形式使公共关系具有强大的吸引力，公共关系是旅游企业宣传产品、展示形象的一个理想途径，为旅游企业的营销人员提供了频繁地进行正面、公开宣传的机会，在一些不利事件发生时，还能起到消除危机、缓解矛盾的作用。

2. 旅游公共关系的特点

（1）真实性和持久性

旅游公共关系传播的信息，或借助于事实本身，让人耳闻目睹；或通过他人之口，如新闻媒介，告知天下。这样可以避免“自卖自夸”之嫌，突破社会公众的防范、戒备心理，能够深入人心，因此，可信度高，效果持久。

（2）新颖性和独特性

在现代社会，包括旅游促销在内的促销手段层出不穷，广告战更是异常激烈，但大多难以引起社会公众的注意，而且经常惹人反感。在这种情况下，公共关系却独辟蹊径、新颖独特，容易引起社会公众的关注。

（3）间接性和主动性

旅游公共关系策略具有间接性，即旅游企业对旅游者不是直接推销产品，而是通过塑造旅游企业良好的形象来推动旅游产品的销售。另外，旅游企业要积极主动地向社会公众开展公共关系活动，加强和社会公众的联系，使社会公众能够充分了解和认识企业，从而树立良好的旅游企业形象。

3．旅游公共关系的作用

旅游公共关系是一种重要的促销手段，但以前许多旅游企业一直忽视旅游公共关系的作用。近几年，由于广告成本的持续上升和作用的下降，人员推销的花费很高但接触面却狭窄，销售促进的成本也随渠道中间商议价能力的增强而上升，利用公共关系促销的优势逐渐被许多旅游企业所重视。公共关系常被误解为“搞关系”，但实际上它可能是最有效的沟通手段。对新闻事件、出版物、节事活动、社区关系及其他公益事业活动的创造性运用，可以为旅游企业提供一条使他们自身及其产品区别于其他竞争对手的途径。

（1）塑造正面的“公众”形象

旅游公共关系的主要功能就是与相关的公众建立并保持一种持续的、正面的关系。通过旅游公共关系，旅游者和潜在旅游者可以了解和信任旅游企业，做到相互沟通、彼此信任、互促互进；旅游企业可以及时向员工传达旅游企业的政策、决策、指令和意向，向各级部门反映员工的建议和要求，提高员工的服务意识和参与管理的热情，取得员工家庭成员的积极支持；旅游企业可以与媒体记者和其他媒体相关人员保持密切的工作关系，以保证媒体适时进行积极的宣传；政府可以支持旅游企业的发展，推动旅游法律法规的制定和实施等。

（2）处理和消除负面影响

旅游公共关系的另一个主要功能就是弱化负面消息的传播，尽量减少不利影响，该功能在一定程度上也可达到促销的作用。在旅游企业的经营过程中，不可避免地会遇到一些由于工作的疏忽或其他原因而产生的特殊情况，例如，旅游过程中游客受到的意外伤害、自然灾害以及旅游企业与员工劳资纠纷等。这些突发事件都会造成负面影响，给旅游企业的信誉带来不良的影响。公共关系有正面推动和反向抵制的两面性，当面对负面影响时，必须充分听取公众的意见，认真查清事实真相，与公众进行必要的沟通，相互之间达成谅解，从而妥善解决矛盾，维护旅游企业的信誉和形象。

（3）沟通信息，促进旅游产品销售

旅游公共关系策略的最后一个作用就是向相关公众介绍旅游企业及其产品，并诱发消费者购买旅游产品的冲动。旅游企业可以通过开展多种多样、丰富多彩的公关活动，寓教于乐，吸引更多的公众参与，增进公众对旅游企业及其产品的了解，引起兴趣，激发购买欲望。有效的公共关系使公众更容易接受这些信息，这也为广告、人员推销和销售促进提供了帮助，侧面提升了促销的效果。

4. 旅游公共关系的主要形式

（1）新闻宣传

旅游企业要做好新闻宣传，一是要善于发现企业中的新闻素材，二是要善于“借势”，三是要善于“造势”。有的旅游企业通过记者在报纸或期刊上撰写企业的事迹，利用企业外部的媒体进行宣传；有的旅游企业自办杂志或报纸，宣传企业的经营历史和有关活动等，这些都需要旅游公共关系人员善于发现新闻素材。例如，对旅游企业经营管理的突出成绩或经验丰富的员工、各种庆典活动和特别事件、促销活动、名人关注和消费的旅游产品，都可以进行报道。“借势”就是旅游企业利用公众所关心的事件，来达到宣传自己企业的目的，如在节假日、消费者权益日等进行相关的活动。“造势”就是针对企业发生的事件，通过人为的作用，使之具有新闻价值，从而形成新闻宣传。例如，浙江省苍南县组织的“万人团队、千人自驾游苍南”的造势活动，大大提高了山海苍南的知名度和美誉度。

（2）主题活动

旅游企业可以定期或不定期地组织一些主题活动，扩大其社会影响，提高其社会声誉。这些主题活动包括赞助、展览会、开放参观、联谊活动、周年庆典和特殊节日庆典活动、研讨会等。

旅游企业可以通过赞助体育、文化等活动，推广其品牌和企业名称，如携程旅行网成为中国职业篮球联赛（CBA）2017—2018 赛季的官方合作伙伴；通过参加或举办专题展览会，吸引旅游企业和旅游者；通过开放参观，让社会各界了解和体验旅游企业的产品；通过举办联谊活动，增进内部员工和外部公众的感情交流；通过举办周年庆典和特殊节日庆典活动，吸引公众的注意力；通过举办研讨会，吸引关注，提高企业的行业影响力。

（3）社会公益活动

关注社会公益、热心于公益事业的旅游企业，总是会赢得社会公众的普遍好感，旅游企业可选择赞助和支持一些公益事业来吸引公众的注意和偏好。例如，旅游企业可以赞助给目标市场所支持的公益事业，如环保活动、教育事业、医疗事业或参加省市政府活动和社区活动等，达到社会效益和经济效益双丰收的目的。随着消费者对环境保护的关注程度越来越高，旅游企业可以宣传企业的“绿色营销”，表明本企业不仅关注消费者的需求和企业的经济效益，而且关心社会效益和未来的可持续发展。这样的公共关系及宣传活动，对于建立目标消费者的偏好和忠诚度很有好处。

（4）旅游消费者教育

对于旅游业和旅游产品，消费者可能没有足够深入的了解，因此，旅游企业可以通过举办一些培训和教育活动，来帮助消费者了解更多的消费知识和旅游常识。参加此类活动后，消费者往往忠诚度更高。例如，旅行社通过培训活动向消费者传授一些有关旅游常识的介绍、旅行中意外事故的处理方法，使消费者更多地了解产品，并最终影响其购买决策。

（5）处理反面宣传报道

一味地回避、推脱责任不是面对反面宣传报道的正确方式。旅游公共关系活动在这种危机时刻应发挥主要作用，要注意不应掩盖事实真相，而应以正确完整的描述尽量说明事实，驱散对旅游企业不利的传闻，并表明愿以实际行动来弥补损失。旅游企业还应积极收集公众对其产品的意见及建议，尽可能及时将改进后的情况传递给他们，并表示感谢。

案例思考

黄鹤楼“情人坎”被刻上网友留言

黄鹤楼东门外的19级台阶成为“网红景点”源于2018年4月6日一段网络短视频。台阶中的第6级台阶比其余台阶要高4 cm，情侣们聊天时一旦没注意脚下，就可能发生绊脚的情况。短视频被传播后，人们戏称该台阶为“情人坎”。

黄鹤楼公园管理处闻讯后当即整改。整改后，人们发现，19级台阶在方便通行的同时，还被刻上了55条网络留言，其中53条是网友对“情人坎”的调侃语句，另外2条则是黄鹤楼公园管理处的回应。网友留言从“正在赶往黄鹤楼，听说情人坎被拆了，返程中”到“有时要懂得低头，且行且珍惜”，公园管理处回应的内容则是对“情人坎”容易绊脚进行道歉。据了解，19级台阶上的55条留言，是黄鹤楼公园管理处特意刻上去的，既是工作人员的自省，也是提醒游人注意脚下台阶。

思考：从黄鹤楼公园管理处成功处理危机的案例中，我们学习到了什么？

分析：视频发出后，黄鹤楼公园管理处快速反应，用最快的时间修复了绊脚的台阶。修复的方式既顺应了网友的关注点，也解决了实际问题，还给予工作人员自省的机会，可以说一举多得。该景点官方微博对事件还做了如下回应：“来黄鹤楼，没有过不去的坎儿”。回应语言幽默而不失自信，得到了网友们的一致认同。作为旅游企业，不要忌讳投诉和负面消息曝光，只要处理得当，就会获得大众认可，甚至能为组织形象增光添彩。

（6）建立企业内外良好的关系

在企业内部形成良好的人际关系，有助于创造稳定的工作环境以及和谐的工作气氛，加强企业的凝聚力，提高工作效率。同时，旅游企业还应和相关公众建立一种良好的关系，如行业协会、政府、媒体、员工及其家属、股东及其他所有者。总之，内求团结、外求发展是旅游公共关系的目标。

（7）旅游企业识别系统

旅游企业应努力创建一个公众能迅速识别的视觉形象。视觉形象可通过企业的标志、文件、小册子、招牌、模型、业务名片、建筑物、制服等来传播。最好是建立企业识别系统（CIS），包括企业的理念识别（MI）、视觉识别（VI）和行为识别（BI）。

第三节　其他促销策略

一、人员推销

人员推销是最古老、最常用、最有效的促销方式。人员推销有自己的优势，特别是在建立消费者偏好、获得消费者信任和促进消费者行动时，是最有效的促销工具，但它也是成本最昂贵的营销工具之一。

1. 人员推销的概念

人员推销是企业运用推销人员直接向消费者推销产品和服务的一种促销活动。人员推销就是旅游企业从业人员直接与旅游消费者或潜在消费者接触、洽谈，向其宣传、介绍旅游产品和服务，以达到促进销售目的的活动过程。简言之，就是旅游推销人员说服旅游者购买旅游产品的过程。

2. 人员推销的优缺点

（1）人员推销的优点

在高度个性化的旅游行业中，人员推销显得尤为重要，它主要具有以下优点。

1）信息传递的双向性。人员推销是一种信息双向传递的促销形式。在人员推销的过程中，一方面，推销人员向消费者宣传、介绍旅游产品和服务的有关信息，以招徕消费者，促进旅游产品和服务的销售。另一方面，推销人员通过与消费者接触，能及时了解消费者对本企业旅游产品和服务的评价，通过观察与调研，能及时掌握本企业产品的市场生命周期及市场占有率等情况，并能洞察消费者的真正需求和变化趋势。

2）推销目的的双重性。人员推销可以将激发需求与市场调研结合起来，可以将推销旅游产品与提供服务结合起来，具有双重性目的。

3）推销过程的灵活性。人员推销经常采用业务人员和消费者一对一直接联系和沟通的方式进行，业务人员可以通过交谈与观察了解消费者，进而根据不同消费者的特点和反应，有针对性地调整自己的工作方法，以适应消费者，并及时发现、解决消费者提出的问题，满足消费者的特殊要求。

4）推销效果的长期性。人员推销方便与老客户保持长期的联系和沟通，了解老客户对旅游产品的意见和建议，进行有效的客户关系管理，实行关系营销。

（2）人员推销的缺点

1）推销成本较高，支出较大。由于每个旅游推销人员直接接触的客户有限，销售面窄，特别是在市场范围较大的情况下，人员推销的开支更多，增加了旅游产品的销售成本，一定程度上削弱了旅游产品的竞争力。

2）对推销人员素质要求较高。人员推销的效果直接取决于推销人素质的高低，并且随着社会的进步、经济的发展、消费者主体意识的增强，对推销人员的素质要求也越来越高。

知识链接

推销人员的素质

人员推销是一个综合的、复杂的过程。推销人员的素质，决定了人员推销活动的成败。推销人员应该具有亲和力，善于从客户角度考虑问题，并使客户接受自己；推销人员应该具有自信力，让客户感到自己的购买决策是正确的；推销人员应该具有挑战力，具有视各种异议、拒绝或障碍为挑战的心理，愿意接受挑战；推销人员应该具有自我驱动力，即具有完成销售任务的强烈欲望；推销人员还应该具有认真、踏实地完成工作，解决客户问题的能力。此外，优秀的推销人员还应该具有热情、坚定的品质，良好的个性和沟通能力，丰富的专业知识和良好的职业道德。

3．人员推销的基本形式

在实际的推销过程中，由于旅游产品的最终消费者分布比较分散，大多属于少量购买，因此人员推销的主要目标是旅游中间商和团体购买者。人员推销的形式有多种，在这里主要介绍以下几种。

（1）上门推销

上门推销是一种古老的、存在时间最长的推销形式。它是指推销人员携带旅游产品的相关资料，直接走访客户，向其宣传旅游企业和产品的特点，并根据消费者的反应，随时了解客户的具体要求，不断调整销售策略，恰当地选择时机，达成交易。这种方式适用于在推销人员不太熟悉或完全不熟悉推销对象的情况下，即时开展推销工作。它要求推销人员有百折不挠的毅力、良好的沟通能力和谈话技巧。

（2）营业推销

营业推销包括柜台推销和电话推销等，指旅游企业内部销售人员在办公室接待客户或用电话或其他通信工具与客户联系，洽谈业务。根据内部营销的概念，在食、住、行、游、购、娱六个方面从事接待服务的所有人员都是推销人员，包括营业员、服务员、导游等。这些从事接待服务的人员直接与消费者接触，他们通过语言、行为介绍或展示产品和服务，回答消费者的咨询，满足消费者的需求，服务的过程就是推销的过程。

（3）会议推销

会议推销是指旅游企业利用各种会议向与会人员宣传介绍本企业和本企业的旅游产品，开展推销活动。例如，在旅游订货会、旅游交易会、新闻发布会上推销产品都是会议推销。会议推销接触面广，群体集中，成交量大，推销效果好。

4. 人员推销的工作步骤

（1）寻找消费者

推销人员利用各种渠道和方法为所推销的旅游产品寻找消费者，包括现有的和潜在的消费者。通过调研了解消费者的需求、支付能力，筛选出接近价值和接近可能的目标客户，以便集中精力进行推销，提高推销的成功率。

（2）推销前的准备

推销人员在推销之前必须进行充分的准备。准备工作主要包括两个方面：第一，尽可能多地了解客户的基本情况和要求，做到有的放矢。例如，了解哪些人参与购买决策过程，这些人在购买决策过程中的角色，他们的性格和购买方式，哪些旅游产品的特点可能对他们更有吸引力等。第二，接近客户，包括选择接近的方式，拟定推销时间和线路安排，预测推销中可能出现的问题，准备好推销材料。一般客户都不太欢迎推销人员来访。推销人员可以先通过电话或信函等形式预约，事先征得客户同意。在客户同意接见后，推销人员应做好详细的准备，包括旅游企业的基本资料、旅游产品的介绍资料、价目表、合同文书、签字笔、名片等，避免因为细节的忽视而导致失败。

（3）访问客户

访问客户时，推销人员给客户的第一印象是非常重要的，应注重仪表和谈吐，保持亲切、自然、自信、专业，给客户留下好的印象。推销人员在推销中不要急于求成，要在交谈中收集客户信息，了解客户需求，灵活运用各种接近技巧。推销人员应注意不要滔滔不绝地讲个不停，要善于倾听，更要善于提问，通过用心的倾听和恰当的提问来把握客户的需求。推销人员要根据客户的需求进行销售展示和示范，通过展示一些事实和相关信息，证明本企业的产品和服务可以满足准客户的需要和解决他们的问题。在展示的过程中，推销人员可借助精美图册、说明材料、光盘、照片及其他宣传纪念品进行介绍，通过生动的描述，将企业的旅游产品和服务的功能、特征、实用价值和利益等传递给客户。

（4）处理异议

在访问面谈的过程中，客户往往会提出各种购买疑问或反对意见，推销人员应随时准备应对客户的异议。客户提出异议是正常的，可能是由于信息不完备，可能是出于私人感情原因，也可能是想通过种种挑剔来得到理想的价格折扣。客户的异议一般通过发问、情绪和其他形体语言表现出来，这些异议可能是客户对购买的抗拒，也可能是购买兴趣的显示，也可能是仅仅想知道的多一些。推销人员应该分清客户的异议，对不同的异议采取不同的处理策略。推销人员对各种异议，应采取不同的方法、技巧，有效地处理和转化，最终说服客户，促成交易。

（5）建议成交

建议成交是整个推销中的关键步骤，推销人员应该学会把握成交的时机，判断客户购买的信号，掌握完成交易的方法。客户在有了购买欲望时，往往会发出许多有意或无意的信号，这些信号一般通过客户的语言或行为表现出来，有的很明确，有的可能一闪而过。在语言上，如果客户不断地询问有关价格的优惠条件，要求详细说明旅游线路的具体安排及相应的服务，对竞争者的旅游产品表示不满或对上次旅游产品的购买经历有抱怨，这些都是常见的购买的语言信号；在行动上，当客户主动联系推销人员，有诚意地握手，特别告知推销人员自己的手机号码，详谈旅游活动计划，这些都是常见的购买行动信号。推销人员必须善于观察，判断客户的购买信号，把握成交的时机，以完成交易。

（6）客户管理

成功完成销售后，销售工作并没有结束。相反，这是再一次对准客户进行销售的开始。现在的旅游行业竞争非常激烈，开发新客户是保留老客户成本的数倍，这就需要旅游企业与客户建立长期合作关系，树立关系营销观念，进行客户管理。旅游企业推销人员要为每一个客户建立档案，客户档案应有客户的基本资料、特征和交易信息；要定期回访客户，了解客户的看法和出现的问题，帮助客户解决实际问题；积极处理好投诉，与客户建立长期、稳定的良好关系，促使客户连续、重复购买。

二、旅游营业推广

1. 旅游营业推广的概念

旅游营业推广是指旅游企业在某一特定时期与空间范围内，为配合旅游广告和人员推销，通过刺激、鼓励旅游中间商和旅游者，促使旅游中间商和个人尽快购买或大量购买旅游产品而采取的一系列促销措施和手段。

旅游营业推广主要是为了解决一定时间和空间范围内旅游需求不足的问题而进行的扩大旅游产品销售的活动。旅游营业推广的对象可以为旅游者、旅游中间商和销售人员。

2．旅游营业推广的特点

（1）短程高效性

广告和公共关系一般适用于建立和巩固品牌形象，营业推广适合于在一定时期、一定任务的短期性的促销活动中使用。旅游业的品牌忠诚度较低，而营业推广绝大部分都是以价格为中心，更容易吸引到旅游者和旅游中间商。旅游营业推广可以有效地加速旅游产品进入市场的进程，增加旅游产品的销售，提高销售额，有效抵御和击败竞争者的促销活动，带动关联产品的销售。营业推广用于短期性的促销活动，效果立竿见影，具有短程高效的特点。

（2）灵活多样性

旅游营业推广的方式应灵活多样，从不同的角度吸引有不同要求的旅游产品购买者和消费者。例如，有针对旅游者的赠送纪念品、赠送旅游地特产、赠送风景画册、价格折扣、特殊服务等；有针对旅游中间商的批量折扣、现金折扣、特许经营、联营促销，以及提供招贴画、小册子、推广津贴等；有针对推销人员的红利提成、推销竞赛、销售集会等。旅游企业可根据产品特征和市场环境灵活选择和组合运用。

（3）辅助性

辅助性即非常规性和非经常性。广告和公共关系、人员推销都是常规性的促销方式，而多数营业推广方式则是非常规性和非经常性的，只能是一种补充促销方式。有些方式显现出旅游产品急于出售的意图，容易造成客户的逆反心理。如果使用次数太多或使用不当，客户会怀疑旅游产品的品质或价格是否合理，造成“劣质产品”的错误印象。营业推广一般不单独使用，常常配合人员推销、广告等其他促销方式使用。

3．旅游营业推广的方式

旅游业常用的营业推广方式很多，可根据销售促进的目标、竞争状况以及每一种方式的成本与效果选择合适的方式。

（1）针对旅游者的营业推广

1）免费赠送。免费赠送是旅游企业向旅游者免费赠与某种特定物品或利益。例如，某旅游景点在特定的日期免费开放，一些旅游景点新开业时也常常采用免费游览的方式。免费赠送方式可以鼓励旅游者消费，也可以获取旅游者对旅游产品的关注，刺激和吸引强度最大，旅游者非常愿意接受。

2）价格优惠。价格优惠是指旅游企业以低于正常水平的价格出售产品，使旅游者可以购买到特价的旅游产品或获得利益，如长城一日游八折优惠等。

3）客户酬谢。客户酬谢是指对经常购买本企业旅游产品或服务的旅游者给予现金或其他形式的回报。例如，大多数航空公司都提供常旅客里程计划，对经常乘机旅行的旅客进行里程奖励，这种里程可以转换成免费的或升级的乘机旅行或客房服务。

4）竞赛、抽奖和游戏比赛。旅游企业可以通过举办竞赛、抽奖和游戏比赛，给旅游者赢得某种物品或参加比赛的机会，以吸引旅游者。

5）赠品。赠品是指以较低的价格销售或免费提供的物品，用以刺激消费者购买。例如，旅游企业赠给旅游者的轻便旅行包、T恤衫等物品（这些物品通常会印上旅游企业的名称和标志）。这些赠品可用来提醒、告知和劝导旅游者购买旅游产品。

6）与非旅游企业进行联合促销。采用这种方式可以把旅游产品作为购买非旅游企业的产品和服务的激励，或者为购买旅游产品的旅游者赠送非旅游企业的产品。

（2）针对旅游中间商的营业推广

1）购买折扣。购买折扣是指旅游企业为刺激、鼓励旅游中间商大量购买旅游产品，对第一次购买和购买数量较多的中间商给予一定的折扣优惠。折扣可以直接返还，也可以从付款金额中扣除，还可以赠送商品作为折扣。

2）资助。资助是旅游企业为旅游中间商提供陈列物品、支付部分广告宣传费用等补贴或津贴。中间商所陈列的本企业的物品，旅游企业可免费或低价提供；旅游中间商为本企业产品作广告，旅游企业可资助一定比例的广告宣传费用。

3）经销奖励。经销奖励是旅游企业对销售本企业旅游产品有突出成绩的旅游中间商给予奖励。经销奖励能刺激经销业绩突出者加倍努力，也有利于激励其他旅游中间商为多销售本企业产品而努力，从而促进旅游产品的销售。

另外，针对旅游中间商常用的营业推广方式还有赠品、体验旅游、折扣旅游、培训、会员制等。

（3）针对销售人员的营业推广

1）销售红利。销售红利是对在一定时间内超额完成销售指标的销售人员按一定比例提成，获得一定的红利，以刺激销售人员的积极性。

2）销售竞赛。销售竞赛是在所有销售人员中进行销售比赛，对销售产品出色或销售额领先的销售人员给予奖励。

另外，针对销售人员常用的销售促进方式还有完成任务或其他业绩的奖金、体验旅游、礼品、培训等。

思考与练习

1．什么是旅游促销组合?

2．简述人员推销的工作过程。

3．常见的旅游广告媒体有哪些?如何实施旅游广告?

4．什么是旅游公共关系?常用的旅游公共关系有哪些方式?

5．常用的旅游营业推广方式有哪些?

第八章

chapter 8

专项旅游市场营销

本章将探讨旅游景区、旅行社、旅游饭店等专项旅游市场营销的内涵、特点，研究影响这几类市场营销的因素，对旅游景区市场营销基本策略、旅行社市场营销基本策略、旅游饭店市场营销基本策略进行阐述。

学习目标

- 了解旅游景区的内涵、特点，掌握旅游景区市场营销的基本策略
- 理解旅行社市场营销的要素组合情况，掌握旅行社市场营销的基本策略
- 了解旅游饭店市场营销的特点，掌握旅游饭店市场营销的基本策略

案例导读

虚拟现实＋旅游　任我游：让旅游体验升级

只要在智慧旅游体验门店，消费者就能身临其境般地感受各地风土人情，从而更好地选择旅游目的地；用手机App扫描AR（增强现实技术）立体地图，景区的三维图随即立体呈现在眼前，AR地图还能帮助规划导航、购买景区门票……这些电影情节一般的高科技，正在成为现实，进一步提升消费者的旅游体验。

对于成功“申遗”的鼓浪屿来说，与深厚的历史积淀、美丽的人文环境相呼应的是智慧化的旅游体验。

智慧语音导览牌是任我游（厦门）科技发展有限公司（以下简称“任我游公司”）与鼓浪屿管委会共建的“鼓浪屿智慧化建设”的一个缩影，在鼓浪屿旅游区，智能免费Wi-Fi、智能闸机、AR鼓浪屿立体地图等智慧化设置，正在进一步提升这座小岛的国际魅力。

“智慧旅游只是任我游‘智慧’布局的一个方面。”任我游公司张经理表示，从2010年发展至今，任我游公司一直致力于以客户需求为导向，并以旗下综合性旅游B2B（商业机构对商业机构）运营服务平台——“芝麻游”为品牌核心，应用AR、VR（虚拟现实技术）、物联网等高新技术，打造了智慧旅游城市、智慧旅游门店、电子合同、中国VR旅游云数据服务平台四大产品体系。

在旅游目的地建设方面，任我游公司搭建了导游、旅行社、景区景点、旅游饭店等综合监管平台；在终端门店管理方面，首创的智能服务系统，打造了旅游体验式的消费模式；在平台端，企业构建的中国VR旅游云数据服务平台，为智慧旅游生态链提供丰富的VR内容支持；在电子凭证板块，“芝麻游”研发的电子合同为商务合作提供一个高效的、安全的签约方式，解决了传统签约的弊端。

思考：旅游业的新技术营销方式对比传统的营销方式，优势主要有哪些？

案例扩展阅读

第一节　旅游景区市场营销

旅游景区在整体旅游产品中处于核心地位，人们对旅游景区产品的需求构成了根本性需求，旅游者的食、住、行、游、购、娱等活动一般都是围绕着旅游吸引物——旅游景区进行的。

一、旅游景区市场营销的概念

旅游景区是具有美学、科学、观赏、游览和历史价值的各类自然景观和人文景观的地域空间载体，它能够激发人们的旅游兴趣和旅游需求，是为人们提供参观、游览、度假、康乐、科研等产品和服务的区域。它包括旅游景点、主题公园、度假区、保护区、风景区、森林公园、动物园、植物园、博物馆、美术馆等。

旅游景区市场营销是指旅游景区组织为满足旅游者的需要并实现自身经营和发展的目标，建立旅游景区产品与旅游市场的关联系统，通过旅游市场实现商品交换的一系列有计划、有组织的社会和管理活动。

二、旅游景区市场营销的特点

旅游景区市场营销是旅游市场营销的一项重要内容，其效果直接影响到一个地区整体的旅游市场营销水平。旅游景区产品具有区域性、不可移动性、无形性和生产消费的同步性、季节性、文化内涵性、不可再生性等特征。基于旅游景区产品的这些特征，旅游景区市场营销具有以下特点。

1．旅游景区市场营销目标多样化

旅游景区的市场营销目标除了要考虑经济指标外，还必须考虑环境目标和社会目标，这是由旅游景区的产品特点决定的。大多数资源型旅游景区，除了为旅游者提供服务外，还担负着保护资源实现可持续发展的责任，为旅游景区当地居民提供就业机会、为社区增收等社会目标。

2．旅游者消费行为多样化

旅游者消费已进入个性化消费阶段，消费行为呈现出新的发展变化。互联网的发展为旅游者提供了更多的信息来源和更多的选择机会，旅游者有了更多的主动权，在选择景区旅游产品、定制旅游线路等方面都呈现出多样化、个性化的特点。

3．旅游景区形象定位差异化

旅游从某种角度上来讲也可称作“眼球经济”，旅游者正是在旅游景区独特形象的召唤下才不远千里前来旅游的。随着旅游市场竞争的日益激烈，旅游景区在进行营销时要突出自身的差异性，并以差异性营销来突出自己独特的形象。旅游景区形象定位就是把景区最吸引人的、最突出的特色表现出来，将这个特色进一步打造形成旅游景区的品牌，进而形成旅游市场的名牌。

4．旅游景区市场营销主体多元化

旅游景区市场营销除了景区自己做推销主体外，还有多重推销主体。例如，旅游经销商在其宣传册中利用景点鼓励人们外出度假；政府对国内主要景点做的海外宣传营销，以鼓励国外旅游者前往游览；地方政府和旅游管理部门将旅游景区作为旅游目的地营销的主要内容。因此，旅游景区市场营销要突出其独特性和地方性，使之成为区域旅游的代表，再借势于相关主体扩大影响，使营销工作卓有成效。

5．旅游景区市场营销淡旺季明显

旅游景区产品的无形性决定了旅游者在购买之前无法试验或试用产品，同时旅游景区产品具有不可储存性，旅游景区市场营销的主要职责就是在有限的高峰日之外创造尽可能多的需求。旅游景区市场营销常常设法刺激淡季的需求，提高淡季的使用率，如对淡旺季执行不同的定价标准，对团队旅游者的差价，对旅游中间商的销售奖励，以实现淡季不淡和经济效益最大化的目标。

三、旅游景区市场营销的影响因素

旅游景区的经营状况同时受外部环境因素的影响和内部经营要素的制约。一个旅游景区若要长期经营成功，其经营者除了要做好内部的管理工作之外，也应重视长远性外部环境因素的影响。

1．外部因素

（1）竞争者的行动

互相竞争的旅游景区，特别是位于同一地区、争夺同一细分市场的旅游景区，必须注意竞争对手的营销行动。许多新的竞争旅游景区是根据需要设计的，或者是经过调整以吸引和满足旅游者需求的，其中有些还可能得到了地方政府及相关组织的大力支持。在日趋激烈的竞争环境中，一些老牌旅游景区可能会消失，因为它们不再有能力吸引足够的客源或从其他渠道吸引充足的资金来维持其正常运营。在竞争环境中，旅游景区在市场营销活动中就不得不关注竞争对手的营销行动，以便及时调整自己的营销策略。

（2）消费者消费态度的成熟

消费者的态度处于不断变化和发展的状态。大量事实表明，在所有经济领域，消费者的期望都在不断提高，如果供应商跟不上需求变化的步伐，那么产品将很快失去吸引力。对于旅游景区而言，必须不断开发新的项目，才能满足成熟旅游市场的需求。在这方面，东京迪斯尼乐园便是成功典范。

（3）新技术的应用

新技术为旅游景区展示和阐释资源创造了新的机会。灯光、音响、激光、超宽荧幕电影效果和新材料等都被用来进行现代化的展示，甚至传统的过山车也让位于新的采用弹性钢管的螺旋形轨道过山车，又如美国的“环球影城”便利用高科技手段，为旅游者制造出一个又一个真实和梦幻相结合的经历。新技术的发展为旅游景区市场营销提供了有力的支持和极大的促进。

（4）相关组织的决策

旅游景区经营者必须考虑目的地其他组织的决策所带来的外部影响。一般来说，旅游者对旅游景区产品的需求是随整个目的地的变化而变化的。某一地区主要旅游景区的收入是随着当地旅游者流量的波动而增减的，这种波动显然是当地经济、政治等因素综合作用的结果，景区本身在这种市场波动中所起的作用是有限的。所以，旅游目的地的所有社会组织的决策都会作用于整个社会大环境，从而必然间接影响旅游景区的经营。

2. 内部因素

（1）旅游景区的运营费用

旅游景区的初期投资通常较高，而随后经营过程中的成本相对较低。2013 年开业的古北水镇，总投资超过 50 亿元，相较之前的乌镇开发成本大幅上升；三特索道近期计划开发的雁荡山景区，预计 3 ~ 5 年内投资额约为 20 亿元。旅游景区的运营费用，影响到旅游景区市场营销费用投入的决策及金额的多少。

（2）旅游景区的季节性

许多以自然资源为主的景区，由于气候等因素的影响，存在着极强的季节性波动，因此也向运营提出了挑战。许多景区以最大容量运营的时间在一年中只有几十天左右，在人满为患时将游客拒之门外的现象在许多景区也屡见不鲜。考虑到景区的环境承载力，不得不对高峰流量进行限制。针对这一特点，旅游市场营销的主要职责就在于在有限的高峰日之外创造尽可能多的需求，在淡季通过举办文化、节庆活动来创造新的需求，使淡季不淡。

（3）旅游景区的重游率

有些景区具有吸引回头客的资源，而大多数景区是供一次性参观的，尤其是那些参与性低的景区更是如此。随着景区竞争的加剧，能在一定时间内重复惠顾同一景区的旅游者可能是极少数的。因此，通过促销鼓励新的、首次到访的旅游者前来参观将成为大多数景区关注的首要问题。由此不难理解为何许多大型景区认为有必要将门票收入的 10% 用于促销和分销。在一个以回头客为主体的市场上，这一投入比例通常可以低一些。

四、旅游景区市场营销策略

1. 产品策略

（1）旅游景区产品的概念

从供给的角度讲，旅游景区产品是指旅游经营者凭借旅游吸引物、旅游交通和旅游设施，用以满足旅游活动需求的全部服务。从需求的角度讲，旅游景区产品就是旅游者在景区内获得的完整经历。

（2）旅游景区产品组合策略

旅游景区产品组合是指旅游景区所经营的全部旅游产品系列（旅游产品线）和旅游

产品项目的组合和搭配，它包括旅游景区吸引物、旅游景区活动项目、旅游景区管理与服务以及旅游景区交通的通达等方面。

（3）旅游景区产品生命周期策略

在投放期，旅游景区应加大投入，创造知名度，培育市场形象，通过广告宣传向目标市场传递信息，以刺激市场增长。在成长期，旅游景区应加强品牌宣传和销售渠道的管理，进一步完善基础设施的配套建设，提高景区的可进入性，努力提高服务质量。在成熟期，旅游景区市场营销重点应放在市场占有率和开拓新需求上，依靠产品价格的差异化吸引客源；还要注重新产品开发，吸引新客源。在衰退期，旅游景区市场营销人员应找出市场萎缩的原因，果断放弃一些疲软或落伍的产品，转向新产品开发，争取让景区尽快进入再生期。

（4）旅游景区产品品牌建设

旅游景区产品品牌建设包括景区品牌的塑造、景区品牌的维护、景区品牌的提升三个方面的工作。在日趋激烈的竞争环境中，各景区产品和服务日益同质化，谋求以品牌创造景区品牌差异成为战略性选择。例如，南岳景区鉴于衡山的“寿岳”称谓由来已久，深挖寿文化资源，大作寿文化文章，连续多年举办“中国南岳衡山寿文化节暨庙会”，筑立了中华寿坛，铸造了世界上最大、最重，寓意民族团结、万寿无疆的中华万寿大鼎，并精心策划了阿迪力高空走钢丝世界挑战赛、高空攀云梯世界挑战赛等一系列旅游活动项目，一举打响了“中华寿岳”的品牌，奠定了南岳“天下独寿”的地位，实现了从“五岳独秀”到“中华寿岳”的品牌形象再造和提升。

案例思考

峨眉山景区推陈出新，创新旅游新方式

以“拥抱大峨眉，共享新旅游”为主题的2015年峨眉山旅游媒体通气会在成都举行，新的一年峨眉山推陈出新，通过打造大峨眉网络营销体系和服务体系、建立“爱峨眉旅游达人俱乐部”等，大力提升大峨眉区域旅游、共建共享峨眉山旅游市场营销大数据库，并借势成绵乐城际铁路的运营，面向全国重点城市推广高铁游。

据介绍，2014年峨眉山市共接待旅游者924万人次，实现旅游总收入131.55亿元。峨眉山旅游业相关人士称，过去一年峨眉山旅游主题活动层出不穷，创意营销聚焦火爆，推出“冰雪奇缘”“私人订制”“雾霾天气”“峨眉山冬季盛宴”“半价门票”“免费滑雪”等网络热点营销，实施了“东西南北中，自驾峨眉峰”“私人订制去峨眉”“峨眉山，说走就走的旅行”等活动。其中网络营销创造了旅游业界的许多第一，包括首次与完美世界公司强强联手开启网游世界的整合营销，创立第一个以旅游景区命名的游戏服务器——“峨眉山”号服务器；推出了四川省智慧旅游的试点项目——“随身导”；峨眉山作为旅游目的地一年内连续举办三个全国性的智慧旅游峰会。通过大规模的网络宣传，峨眉山实现了景区官网全球排名始终位于我国旅游景区榜首，成为旅游者长期关注的焦点。

思考：峨眉山景区推出旅游新方式的目的是什么？

分析：峨眉山景区根据景区的资源特点及新技术应用情况，针对潜在旅游者进行景点定位，确立景区市场营销的主题。确定主题后，峨眉山景区利用旅游者求新求异的心理，创新旅游产品内容，同时，通过网络整合营销，加大营销力度和覆盖范围，并结合智慧旅游概念开发智慧旅游试点项目，引起旅游者的关注，进而促进旅游产品的销售。

2．产品价格策略

旅游景区产品价格是旅游者对景区提供的旅游产品所愿意承受的价格，由旅游景区产品的内在价值和旅游者附着在景区产品上的心理价值组成。

（1）影响景区价格决策的因素分析

景区产品的价格会受到几个因素的限制：产品本身的特点、成本，市场营销目标，市场营销组合因素，市场需求及购买因素，竞争对手，政策因素。

（2）定价策略

旅游景区通常采用的价格策略有新产品价格策略、心理定价策略、分等级定价策略、招徕价格策略和区分需求价格策略等。例如，贵州省A级旅游景区在2018年12月1日至2019年2月28日（共计90天）期间，向对口帮扶贵州的城市所在省（包括上海市、辽宁省、江苏省、浙江省、广东省、山东省）和港澳台地区居民免门票，对其余各省（区、市）居民实行门票挂牌价五折优惠。这一优惠政策就是分级定价策略的具体运用。

3．分销渠道策略

旅游景区的分销渠道是景区产品流向旅游者的通道，营销渠道的选择是现代景区管理面临的重要决策之一，是景区经营决策最关键的环节之一。特别是当前景区之间竞争日趋激烈，产品同质性越来越强，同类型景区产品日益增多，营销渠道在其中发挥越来越重要的作用。旅游景区市场营销渠道是整个营销系统的重要组成部分，是使旅游者转移到景区、实现景区产品销售的全过程中所经历的各个环节和推动力量的总和。

4．促销策略

旅游景区促销是指景区为了树立良好的形象，激发旅游者的游玩欲望，将有关景区的旅游产品、旅游信息，通过各种宣传、吸引和说服的方式，传递给潜在旅游者，促使其了解、信赖并购买本景区的旅游产品，以达到扩大销售的目的。

根据景区促销侧重的促销目的，可以分为旅游地促销、景区旅游产品促销、旅游地旅行社促销三种类型。针对以上促销类型，景区促销策略具体内容包括人员推销策略、广告促销策略、销售促进策略和公共关系策略等。

案例思考

查干湖冬捕

第十七届查干湖冰雪渔猎文化旅游节从2018年12月28日持续至2019年2月28日。本届旅游节围绕“牢记殷殷嘱托，守护金字招牌，传承渔猎文化，展示冬捕奇观”的主题，精心推出“大网原始捕捞”“小网渔猎体验”两个板块，全程推出“圣湖渔家冰雪情”生活体验游，圣湖“观鱼、购鱼、捕鱼、品鱼”等旅游项目，为广大游客提供以“观冬网捕鱼、赏冰湖雪景、体验北方民俗”为主题的系列活动，向世人展现“生态查干湖、四季查干湖、世界查干湖”。查干湖冬捕作为“冬季到吉林来玩雪”的金字招牌，为吉林从冰雪旅游到冰雪产业的“银色革命”篇章增添了精彩一笔。

思考：查干湖冬捕的市场营销为什么能够成功?

分析：查干湖冬捕，即查干湖冬季冰雪捕鱼（或称渔猎），是吉林省松原市前郭尔罗斯蒙古族自治县一种传统的渔业生产方式（习俗），被列为吉林省省级非物质文化遗产名录。

早在辽金时期，查干湖冬捕就享有盛名。新时代的发展给予查干湖冬捕新的历史使命和发展机遇，其神奇、神秘与神圣的旅游特色在当地政府和旅游企业的发掘下，正焕发出勃勃生机。

第二节　旅行社市场营销

在旅游供求活动中，旅行社是组织旅游和接待旅游者的中介组织，是旅游产品的组合者，是旅游产品生产者和消费者之间的媒介。

一、旅行社市场营销的内涵

旅行社市场营销是指旅行社在市场营销观念指导下经策划、促销、管理，将旅行社产品以符合旅行社利益及市场规律的价格销售出去的一种以营利为目的的现代企业行为。

旅行社的主要业务包括规划和组织旅游产品、承接与旅游活动有关的各种委托代办业务和组织接待工作，另外还有开展市场调研、宣传促销、提供旅游信息和咨询服务、派出驻外办事机构等。由于旅行社的主体业务是包价旅游，因此，本节的研究重点为包价旅游市场营销。

1．包价旅游产品的定义和类型

包价旅游产品是由餐饮、住宿、交通、目的地景点及其附属设施和服务中两个或两个以上的要素组成的有质量控制并可反复供应的标准产品。

按照不同的标准，包价旅游可划分为不同的类型。

（1）按照目标市场的不同分类

包价旅游可分为团体包价旅游和散客包价旅游。团体包价旅游指的是专门为 10 人或 10 人以上的旅游团体设计组合的包价旅游，散客包价旅游面向的是 10 人以下的旅游团体或零散旅游者。

（2）按照包价项目的不同分类

包价旅游分为全包价旅游、半包价旅游、小包价旅游和零包价旅游。

1）全包价旅游。又称团体包价旅游，是指将交通、住宿、门票、餐饮和文娱等费用全部包含在内的旅游产品形式。它具有全面、综合的特点，可极大方便旅游者，尤其是远程旅游者和国际旅游者；缺点在于可选择性差，且直观价格高。

2）半包价旅游。是指在全包价旅游的基础上，扣除午餐和晚餐费用的一种包价形式。

3）小包价旅游。又称可选择性旅游，它由非选择部分和可选择部分构成。非选择部分包括接送、住房和早餐，费用由旅游者在旅游前预付；可选择部分包括导游、风味餐、节目欣赏和参观游览等，旅游者可根据时间、兴趣和经济情况自由选择，费用可预付，也可现付。

4）零包价旅游。这是一种独特的产品形态，参加这种旅游的旅游者必须随团前往和离开旅游目的地，但在旅游目的地的活动是完全自由的，形同散客。

2．旅行社的市场营销观念

旅行社的市场营销战略及管理无疑是在一定的市场营销观念指导下制定和实施的。随着旅游消费观念的变化、旅游市场环境的变动、旅游发展战略的变革，旅行社的市场营销观念也处于不断变化之中。目前旅行社的市场营销观念主要有品牌国际化与销售市场全球观、销售本土化与合作营销、销售手段的技术观、可持续发展的绿色营销观、旅游产品与营销服务的个性观等几种。

二、旅行社市场营销的特点

1．长期性

旅行社产品的无形性决定了它的营销往往无法在短期内一锤定音。因为一方面旅游者需要反复比较各类旅行社产品的优劣，考虑旅行社的信誉；另一方面旅行社也可能会根据旅游者需求就某一具体旅游产品进行修改，如交易价格、优惠条件的变化，有些定制旅游产品甚至需要好几个月的时间才能完成销售。对于新产品，尤其是海外旅游目的地，旅行社经常要在考察踩点后才能签订合同购买产品，组团社与地接社的合作也需要相应的熟悉时间和时机才能达成合作。

2. 灵活性

从消费者的角度来讲，由于旅游产品的综合性，增加了消费者购买的风险。零散购买一个整体旅游产品中的各个单项要素，对于那些第一次到目的地、对一切都一无所知的消费者来说风险太大，一旦出错，代价会很高。例如，到国外旅游即使花费不成问题，但由于身处异地、语言不通，有些事情需旅游者自己做出决策，既费时又费力，而购买旅行社包价旅游，可以大大简化选择和购买过程，降低交易风险，节约时间、精力及其他费用支出。

3. 优惠性

在价格弹性极高的休闲旅游市场，包价旅游经营商能获得批量折扣，从而降低购买价格，尤其是一些成批量、成系列的团队，价格优势明显，成为旅游者选择旅行社产品的首选。

4. 时效性

当旅游市场上具有旅行社产品的同类产品或替代产品时，每一次的具体销售就带着极强的时效性，谁先回应需求方相关信息，谁就能获得先机。

同时，产品价格的时效性还体现在随行就市。例如，一个需求弹性小的新产品开始时运用高价策略定价，并取得了可观的收益。随之而来的是其他旅行社的仿制产品进入竞争市场，此时需求弹性变大，必须调整产品价格，使其适应市场的变化。当竞争过强时，甚至会被迫采用低价策略以保住原先占有的市场。由此可见，旅行社产品的定价策略也带有时效性。

三、旅行社市场营销的基本内容

旅行社的主要业务是从事旅游活动的经营，主要任务是为旅游者提供所需要的各种服务。不同类别、不同规模的旅行社，其业务范围虽然有所不同，但它们的主体业务却基本相同。具体来说，旅行社的基本业务主要有以下五项。

1. 设计旅游产品

设计旅游产品，是旅行社的一项重要业务。旅行社产品设计是指在市场调研的基础上，根据旅游市场的需求，结合本旅行社的业务特点、经营实力，将旅游目的地的旅游资源与旅游活动所需要的各种服务组合起来，设计出旅游者喜爱的旅游产品。

旅行社设计的产品是否合理，产品是否满足旅游者的需要，将会直接影响旅行社在市场上的竞争能力，最终影响到旅行社的生存与发展。

2. 采购旅游服务

旅游服务采购是旅行社通过合同或协议的形式，以一定的价格向其他旅游服务企业及相关部门预购的行为，以保证旅行社向旅游者提供其所需的旅游产品。

旅游活动涉及食、住、行、游、购、娱等方面，航空公司、铁路局、轮船公司、饭店、餐厅、景点以及娱乐场所等也就成为旅行社的采购对象，对于组团社而言，还要采购接待社的旅游服务产品。

3. 委托代办业务

委托代办业务是旅行社最基本的业务，是指旅行社替旅游者代订各种票据及其他委托业务，如代订机票与车船票、安排客房等。

4. 旅游接待与咨询业务

旅行社的旅游接待与咨询业务，是旅行社直接面向旅游者提供服务、旅游者享受旅行社产品的全过程，是旅行社产品销售的实现形式。旅游接待与咨询是旅行社经营管理中的核心内容。

5. 导游服务

导游人员在具体旅游接待工作中起着协调和沟通的重要作用。导游服务是旅游接待工作的中心环节，要求导游人员协同有关部门安排好旅游者的住宿、餐饮、交通生活和娱乐项目等，为旅游者做好导游讲解和宣传工作，关心旅游者的安全和健康，维护旅游者的正当权益。

四、旅行社市场营销策略

1. 产品策略

旅行社产品是旅行社根据市场需求，通过采购并整合景点、交通、住宿、餐饮、购物、娱乐等单项服务产品，并将自己的服务贯穿于其中的、向旅游者提供旅游活动过程中的全部产品和服务的总称。

旅行社产品最主要的反映形式是“旅游线路”，产出的主要是与旅游活动有关的服务，也就是服务形态的产品。随着社会经济活动的不断改变，个性化、时尚化和人性化的需求日益显现，对旅行社产品提出了更新、更高的要求，产品本身的内涵和外延在不断地丰富和延伸。

2. 产品价格策略

旅行社产品的价格确定，是以设计旅行社产品或提供服务的社会必要劳动时间为依据的，但由于旅游市场供求关系的变化较大，影响旅游市场供求关系的因素很多，因而旅行社产品定价一般要考虑产品成本、旅行社发展战略、营销组合中的其他因素以及旅行社的影响目标及一些非价格竞争因素的影响。

常见的旅行社定价方法与价格策略主要有以下几种。

（1）用成本加成定价法制定产品的基本价格。以成本为中心，在产品单位成本的基础上增加一定比例来确定产品的售价。

（2）对不同的产品采取灵活的价格策略。当某种新、特产品投放市场的初级阶段，产品具有垄断性，需求又缺乏弹性，如欧洲游，可以采取高价投放的策略，使旅行社在短期内获取高额利润。

（3）恰到好处地使用心理定价策略。例如，海南双飞五日游定价 2 888，就是利用吉利数定价的方式，利用的是国内旅游者喜欢 8、6 等数字的心理。

（4）有的放矢地运用优惠价和差价。例如，对于团队人数给予折扣价格，对不同年龄的旅游者提供半价票和免票政策等。

3．分销渠道策略

由于旅游活动的异地性，使得旅游者需要通过旅行社来选择和购买旅游产品。旅行社产品的销售渠道主要有直接销售渠道和间接销售渠道两种。直接销售渠道是指旅行社销售旅游产品给旅游者，没有任何中间环节的介入，如旅行社门市销售，是最简单、最短的销售渠道。间接销售渠道是指旅行社产品到达旅游者之前介入了旅游中间商，如旅游经营商、批发商、旅游零售商（代理商）、专业媒介者。随着互联网技术的发展，网上直接销售渠道越来越受到旅游者的欢迎。

4．促销策略

旅行社促销是由旅行社组织的各种以产品为核心的信息传递与沟通活动的综合。常见的旅行社促销方式有以下几种。

（1）媒体广告宣传

利用电视广告、杂志广告、报纸广告、广播广告、互联网广告、户外广告等不同的广告媒体进行宣传。

（2）公共关系

公共关系是以旅行社的品牌和经典线路为中心，通过新闻媒介传播产品信息，以品牌形式赞助公益活动等。

（3）营业推广

包括面向行业的营业推广和面向旅游者的营业推广，以前者最为普及。组织中间商考察旅行是国际上常用的推销手段。目的是通过实地考察，了解旅行社的产品和旅游目的地的情况，熟悉旅游线路和旅游活动内容，产生组团旅游的愿望。

（4）直接营销

主要有人员推销、直接邮寄、电话营销和互联网营销等手段。

（5）现场传播

在旅行社营业场所进行适当的内部装饰、陈列宣传品，向旅游者传播产品信息，增强旅游者的购买信心，促成购买行为的发生。

案例思考

携程旅行网"服务升级"

对于要出国旅游的人来说，兑换外币是再平常不过的事，大家一般也都会去银行办理这项业务。不过，在无锡，公众有了新的选择，那就是到携程主题形象店去。

携程主题形象店的相关负责人告诉记者，随着旅游消费升级的风口形成，越来越多的旅游者不再满足于传统意义上的旅游服务，旅游消费更加个性化、多样化，对于旅行社门店服务的专业化要求越来越高，该品牌通过开设门店，将产品、渠道、服务、资源等优势下沉至全国大小城市，让越来越多线上的客人体验到线下的优质服务，同时将服务范围扩散至线下消费群体。"线上线下的结合，打破了以往供应链地域化的局限，客人的消费体验度有了极大的提高。"

该负责人还专门举例，比如传统门店的线路、航班等都很固定，一定程度上限制了旅游者"想走就走"的设想。但他们的店则不同，依靠平台资源，通过动态航班和目的地参团的自由组合，旅游者真正实现了"说走就走"。同时，依靠海量的供应链和资源库存，一旦客人有定制需求，对应目的地的定制师会立即响应，并迅速根据客人要求，制定旅游方案。

"服务升级"还体现在更细致、周到的很多方面，比如说该门店推出的"外币兑换"业务。据透露，该店申请并获取了相关资质，除了面向客户提供"外币兑换"服务，同时普通的非客户公众也可以前来办理，"该业务也是我们倡导的服务延伸的一部分，未来，这也将成为标配。"

思考：携程旅行网"服务升级"的意义是什么？

分析：携程主题形象店的开设不仅是对旅行社产品和服务的升级补充，更是顺应旅游消费升级的变化特点，主动地进行调整。在旅行社发展的过程中，变化是很正常的。但不论旅行社如何调整其市场营销策略，都应通过服务品质化来促进企业转型升级更加贴近旅游者的需求，实现其经营目标。

第三节　旅游饭店市场营销

饭店既是旅游目的地设施的一部分，同时对提升目的地的吸引力具有重要的作用。饭店产品除了具有服务产品的一般特性之外，还存在着固定地点、高固定成本、经营的季节性等特点，这就要求饭店经营必须遵循自身规律。此外，由于市场消费观念的更新和现代技术的发展，饭店业的产品及市场营销方式也在发生着深刻的变化。成功的市场营销是旅游饭店在激烈的市场竞争中立于不败之地的有效保证。

一、旅游饭店市场营销的内涵

旅游饭店市场营销是旅游饭店通过研究市场的供求变化，了解客户需求，然后配置内部资源，努力提供适合这种需要的产品和服务，使客户满意、饭店获利的管理过程。旅游饭店市场营销实际上是一种服务营销，具有服务产品营销的相关特征，并受旅游饭店产品特点的影响。

1. 旅游饭店产品的特点

旅游饭店产品除了有一般服务的基本特征，也有其特殊性，主要表现在以下几个方面。

（1）复杂性

与一般有形商品相比，旅游饭店客户的需求是复杂多样的，涉及住宿、饮食、商务、交通、购物、娱乐等诸多方面，也包括依托于硬件设施条件上的软件服务和环境等。特别是客户在住店期间遇到问题并提出要求时，饭店要给予及时的处理和解决，如信息咨询、预订机票等辅助性服务和个性化较强的增值服务等。因此，旅游饭店产品具有覆盖面广、内容复杂的特点。

（2）综合性

客户对旅游饭店质量的满意状态不是对某服务部门和服务环节的评价，而是对饭店服务整体的体验和感受的衡量，包括从客户最初接触并预订饭店开始，到办理入住、住店期间消费、结账离开的全过程。旅游饭店必须全面提高各部门的服务质量，为客户提供满意的综合产品价值，树立饭店产品的整体形象。同时，旅游饭店又担负着满足旅游者住宿、饮食和娱乐的任务，是旅游产品中的组成部分，与其他旅游供给部门有着极强的关联性和互补性。例如，一个地区航空公司的接待能力不足，必然导致饭店、游览景点的接待能力闲置和浪费。

（3）季节性和波动性

旅游饭店客户的需求极易受各种环境因素的影响，如政治、经济、社会、休假制度、生活方式以及自然因素等，表现出极强的季节性和波动性，淡旺季分明。因此，市场调研和预测、产品的优化配置和组合成为旅游饭店适应市场多变的重要手段。

（4）不可储存性

旅游饭店里的客房、娱乐设施等一天不出租，就不能创造价值，它们作为饭店产品的组合部分是不能像工业品那样储存起来，日后再卖。客户在购买产品之后，只是买到了产品的时间性很强的使用权，若不及时消费，其价值也就立即消失，无法携带和储存。例如，一家饭店的一间标准客房每天的售价为400元，如果今天该客房没有销售出去，那么其今天的价值就损失掉了，不可能储存到明天去卖，因为明天还有明天的价值。

（5）不可转移性

旅游饭店产品不是物质产品，是无法运输的，虽然它的销售有时也需要经过中间环节，但商品交换后，客户得到的不是具体的物品，而是一种感受或经历。客户在饭店住宿，只是购买了饭店客房和其他设施的使用权，所以饭店产品不同于物质产品可以在运输和交换后发生所有权的转移。

旅游饭店产品除了上述几个特点外，还有固定成本高、非专利性等特点。此外，旅游饭店产品经常直接受到饭店业无法控制的外部因素的影响，如国家政策、经济发展、汇率变动、签证方式、自然灾害、社会治安等，所以旅游饭店产品又具有脆弱性。

2．旅游饭店在整体旅游产品中的作用

旅游饭店在旅游产品中扮演了非常重要的角色。旅游饭店是重要的旅游基础设施，是吸纳就业的重要途径，以及创收的重要来源。一个国家或地区旅游饭店的多少和规模大小，也反映了这个国家或地区的经济发展水平、社会文明程度和旅游业发展水平，影响着当地旅游业的发展。饭店业的规模和服务水平直接影响着旅游业的供给能力、发展水平及对旅游者的吸引力。

二、旅游饭店市场营销的特点

饭店产品除了具有服务产品的一般特性之外，由于其接待对象——旅游者的消费特性和饭店产品在地点上的固定性等原因，使旅游饭店市场营销具备了以下几个特点。

1．旅游饭店的位置是影响市场营销的重要因素

位置几乎主导了所有饭店的经营，它决定着企业能够获得何种市场组合，并决定着企业的营销战略和战术的方向。位置在很大程度上还决定了一个旅游饭店的盈利能力。一个饭店设施一旦建成开业，其经营位置即长期固定，这一点与航空公司不同。航空公司可以随着市场变化将其机群在世界范围内进行调动，在不同空间调整供给能力，并为不同的目的地提供服务。另外，除了在建饭店之初，应该在充分调研的基础上慎重选址以外，建成后的饭店还必须充分运用营销手段克服选址确定后可能出现的各种困难。

2．经营业务存在高峰和低谷

由于旅游市场需求固有的季节性特征，几乎所有饭店的设施都存在经营的高峰和低谷，这些高峰和低谷由于时间和变动幅度的不同而形成不同的需求模式。这些需求模式是由饭店位置所对应的市场需求的特点决定的。例如，我国北方许多位于海边的度假型饭店设施通常全年只有三个多月的时间需求旺盛，许多设施全年大约有五个月的时间几乎完全停业。营销人员必须通过创造性的定价、促销和有计划的营销活动来加强饭店产品的销售。同时，还要及时掌握客户方的动态信息，以保证预订信息的准确性。例如，在淡季旅游饭店可以采用降价、提高附加利益等方式来提高旅游饭店产品的使用率。

3．旅游饭店销售的艰巨性

前面提到饭店产品具有不可储存性，它至少有两层含义：一层是客房、康乐设施、会议室、宴会厅等，一天不出租，一天就不能创造价值。作为旅游饭店产品的组成部分，它们的价值不能像有形商品那样储存起来明天再卖。所以，客房被称为“易坏性最大的商品”“只有24小时寿命的商品”。另一层是由饭店服务的直接性决定的。旅游饭店产品的特性对营销人员的工作提出了更大的挑战，它要求营销人员尽量将旅游饭店当天未出租的客房、会议室等设施销售出去。

4．以满足客户的需求为出发点

旅游饭店的一切营销活动都必须以客户的需要为出发点和归宿。客户到饭店消费固然要获得某些基本生理需求，如一间可供休息和睡眠的客房、一顿饱腹的晚餐，但离家在外的客人在饭店接受各种所需的服务，直接置身于与饭店服务人员面对面的人际环境中，还会追求一种精神上的满足。因此，物质和精神的双重消费表现为所有客户需求的共性。然而，饭店的客户来自国内外各个地区，其性别、年龄、职业、心理、经济条件、文化背景各有不同，又决定了饭店客户需求间有很强的个体差异。饭店市场营销要求以客户需求为导向，但客户究竟有什么需求、饭店能够满足哪些需求、如何去满足这些需求、怎么使饭店供给与客户的需求之间实现动态的平衡等，这些问题的思考和解决不仅意味着饭店市场营销活动的开始，而且将伴随其整个过程的始终。

5．全员参与营销

旅游饭店产品以服务性产品为主，而服务是由服务人员来提供的，他们的素质、知识、技能、态度、文化背景各不相同。对员工而言，不仅要奉行饭店的服务标准，更要关注客户间的个体差异，提供个性化、高品质服务，使每一位客户满意；对客户而言，饭店质量的好坏决定了服务人员与客户之间的密切关系，客户参与了饭店产品销售的全过程，从客户到达饭店开始，就离不开与饭店服务人员的接触，并一直相伴到最后离开。中间的任何一个环节出现差池，都会影响到客户对饭店服务的整体印象，降低客户在饭店消费的满意度。因此，应在饭店内部倡导全员营销的氛围，形成一支全员营销的团队。

旅游饭店全员营销意味着上自饭店高层管理者、下至一线服务人员都要树立客户第一的思想，立足本职岗位，热爱自己的本职工作，使自己的服务对象满意，从而增强客户对饭店的满意度和忠诚度；饭店全员营销意味着饭店所有部门和人员都要树立全局观念，顾全大局，相互协作和支持，形成一个整体，共创饭店形象，为客户能在饭店消费留下美好回忆而共同努力；饭店全员营销还意味着营销人员必须定期与饭店最高管理者沟通、汇报，重视对饭店服务人员的培训与激励。此外，还必须通过各种渠道了解客户对饭店服务的满意程度，为营销工作的开展奠定良好的基础。

三、旅游饭店市场营销策略

1. 产品策略

旅游饭店依靠适销对路的产品来获得生存发展的资本。如果产品质量低劣、技术落后，产品效用单一，则会被客户“拒之门外”。因此，产品策略关系到旅游饭店的生死存亡，是旅游饭店市场营销策略中最基本的策略。

（1）产品组合

客户所需要的饭店服务产品仅仅依靠饭店的单个部门或个人是不可能提供的。一方面，客户需要的是多种服务产品的组合，而非单个服务产品；另一方面，客户的需求千差万别，也要求饭店提供多种组合产品以供选择。饭店要针对不同客户开发不同的产品组合，形成不同的产品系列。例如，娱乐服务就可以包括歌舞厅、台球室、保龄球馆、健身房、网球场等多项服务。

（2）新产品的开发

开发新产品具有重要的战略意义，是旅游饭店适应市场营销环境变化的一种策略，是饭店生存和发展的重要支柱。

新产品是指在技术、功能、结构、规格、实物、服务等方面与老产品有显著差异的产品，是与新技术、新理念、新潮流、新需求、新设计相联系的产品。例如，一间客房，改造了房内的设施，就成为新产品；如果不进行设施改造，但改变了房内的文化氛围，也可以成为一种新产品。一种产品，只要是客户以前未接触过、尝试过的，但又愿意去接触、喜欢去尝试，便是新产品。所以，新产品实际上包括全新产品、改进新产品和仿制新产品三类。

开发新产品任重而道远，饭店应本着创新、对路、有利可图、量力而行的原则，不断对各类新产品进行开发，满足人们不断变化的、求新求异的需要。

2. 价格策略

价格是饭店产品价值的货币表现形式，是旅游饭店市场营销组合中最为灵活的一个组成部分。

旅游饭店在制定价格时，首先要考虑饭店的实力、经营政策、饭店产品成本水平和饭店产品自身的特性。除了这些内部因素外，还需要充分考虑外部因素的制约，如饭店市场因素、旅游者需求发展趋势、影响旅游者选择的心理因素和政府政策因素等。

3. 分销渠道策略

旅游饭店市场营销渠道是饭店把产品和服务销售给消费者的途径或者向消费者提供产品过程中经过的各个环节的形式，营销渠道决定着营销活动的质量和效果。

在旅游饭店市场营销中，由于旅游市场、饭店企业、旅游中间商以及多种因素的影响，饭店产品分销渠道有多种多样的形式。即使是同一种饭店产品，也可能通过不同的分销渠道销售。一般来说，饭店产品的分销渠道有直接、间接以及长、短或宽、窄等多种类型。

随着市场竞争的加剧，单一的营销手段越发不能满足饭店业的需要。因此，在营销渠道的选择上开始走联合营销的道路。组建全国性乃至全球性的营销网络，充分拓展营销渠道的长度和宽度，以更灵活的方式在最接近旅游者的地方进行最有效、最便捷的营销。

案例思考

旅行社与饭店的联合营销

天旺大饭店在当地只能算是一家中高档次的饭店，饭店经营者一开始就决定走自己独特的营销路线，即盯准旅游团体，与各旅行社建立合作关系。

为实现这样的构想，天旺大饭店采取了很多措施。

1. “奖励积分制度”——旅行社每在饭店预订一个会议室或一间客房，都将获得相应的奖励积分，积分达到一定的标准后，饭店就会按事先的承诺予以旅行社正常折扣以外的返利或是其他形式的奖励。

2. “优先安排制度”——为了获得旅行社的长期合作，饭店部分地牺牲了在商务散客市场上的利益。每当饭店业和旅游业的旺季同时到来时，其他饭店纷纷拒绝接待利润偏低的团体客户，而天旺大饭店却放弃了唾手可得的高利润，成为了众旅行社最后的“靠山”，而且淡季的价格、返利等优惠政策照样有效，这种“肝胆相照”的义举无形中交下了许多旅游业的朋友。

3. “非正式走访制度”——每年从年初到年尾，饭店销售人员都坚持不懈地带些小礼物走访各旅行社的计划部门，这些非正式的频繁访问使得销售人员与旅行社之间建立了一种真正亲密无间的朋友式关系，增加了彼此之间的信任度。

成为专业的旅游接待饭店，天旺大饭店的利润率虽然有些下降，但业务总量却直线上升，尤其是到了全行业的淡季来临时，天旺大饭店门前的热闹场景令其他饭店羡慕不已。

思考：天旺大饭店的营销战略是什么？

分析：天旺大饭店通过与旅行社联合营销，虽然对旅行社的优惠政策，会在一定程度上压缩饭店的利润。但旅行社为饭店提供新的销售平台，改善了饭店的销售模式，同时，利用旅行社进行客源组织，提高饭店产品的销售量和知名度，降低了饭店的销售成本。

4．促销策略

旅游饭店有以下几种常用的促销策略。

（1）媒体宣传策略

旅游饭店可以通过媒体宣传为自己树立市场形象打下基础，同时，还可以向公众或是饭店的潜在客户宣传介绍自己的产品和服务的用途、特点。旅游饭店可在必要的商业广告铺垫后，进入高级的公关性广告阶段，侧重宣传饭店宗旨、理念，树立鲜活的饭店形象。

（2）旅游饭店品牌形象塑造策略

旅游饭店品牌形象塑造和形象管理的涉及面非常广泛，包括饭店外观建筑设计、内部装修布局、装饰点缀，广告招牌、图文标志、产品名称，色彩、灯光、声控艺术，店旗、店徽、店名、店歌、店服设计，也包括饭店经营宗旨、管理理念、饭店企业文化、规章制度和行为准则等。

（3）旅游饭店绿色市场营销策略

通过旅游市场营销在饭店内部营造清洁、绿色、环保、安全的工作环境，培养员工的绿色意识，在生产经营活动中践行旅游饭店企业文化，开发绿色客房和绿色食品，从而扩大市场占有率，促进饭店占领市场。

案例思考

万豪集团的市场选择

20世纪70年代，万豪集团所经营的酒店都是高档次的，主要面向高端人士。因此，万豪集团的酒店都拥有设备齐全的会议大厅和豪华餐厅，许多商界、政界、文娱界的重大集会都选择在万豪集团的酒店举行。这些酒店大多集中在波士顿、纽约、洛杉矶等大城市。随着航空业的发达，万豪集团又逐渐在机场附近营建酒店。在整个70年代，集团在酒店发展上共投资30亿美元，客房数以平均每年增加17%的速度急剧上升。

当20世纪70年代末期出现经济衰退的现象时，万豪集团在酒店业上的发展步伐出现了短暂的停顿。为保险起见，集团在酒店业投资上持观望态度，而把资金转向餐饮业，买下了著名的吉诺连锁餐饮公司。后来，万豪集团又买进了在机场经营食品、饮料和其他商品的霍斯特国际公司，成为该行业中最大的企业。

在观望了几年后，万豪集团发现单凭高档酒店难以维持当年17%的客房增长速度。而从报纸上看，顾客似乎对中档酒店的服务充满了抱怨的情绪。万豪集团决定闯入潜力巨大、困难与机遇同样多的中档酒店市场。集团专门组织了一个市场调查小组，赋予他们的任务是：准确调查出顾客为什么花钱不多还抱怨？为了省钱他们到底愿意放弃哪些服务待遇？

经过3年酒店市场调查后，万豪集团在1983年推出了中档旅馆——庭院酒店。第一家庭院酒店建在亚特兰大。整个酒店为两层小楼，共有150间房间。酒店中没有侍者、没有房间服务、没有大型会议室和宴会厅，有的是高档豪华的客房、精美优惠的自助餐。

在经济衰退、行业竞争加剧的情况下，万豪集团采取的另一项加快企业发展速度的方法是放弃对大多数酒店的所有权。从1982年起，万豪集团新建成的每座酒店，都会被立即出售，但买方必须同意由万豪集团派人负责经营管理。万豪集团的管理者认为这种方法可以加快企业利润的增长速度、减少投资风险，同时比将经营权出租给特许承包商的做法更能保证经营质量。

庭院酒店的成功，给万豪集团酒店业注入了活力，同时也带来了新的启示：客户更注重在舒适的环境中自由自在地生活，而不需要酒店强加的服务，故此，万豪集团在20世纪80年代中期又打入了豪华公寓市场。

就在这些新酒店、新公寓红红火火地发展之际，万豪集团又组织了一次新的市场调查，开始对老龄化日益突出的社会问题进行研究。经过数年调查后，万豪集团着手兴建“老年社区”，目标客户是那些无人照料的退休老人。以前，这类服务都被一些福利性、非营利性组织所经营，但由于资金不足、条件有限，许多老年人得不到很好的照顾，而且更多的老年人无缘进入其中。营利性、公寓性的“老年社区”解决了这些矛盾，经1988年试营业后大受欢迎。为此，万豪集团宣布：集团将在20世纪90年代中建成150个老年社区。

思考：万豪集团是如何根据市场的变化不断调整市场营销策略的？

分析：万豪集团通过市场调查，发现新的目标市场，不断开发新的酒店品牌和产品，实行顺应时代发展的经营方式，从而实现了企业的灵活经营，赢得了市场。

思考与练习

1．什么是旅游景点市场营销？它有哪些主要特点？

2．旅游景点市场营销的影响因素有哪些？

3．旅行社旅游产品的类型有哪些？

4．旅游饭店市场营销的主要特点是什么？

5．旅游饭店市场营销的策略有哪些？